団塊ジュニアの医療と介護

超高齢化社会における社会保障制度

橘木俊詔・森 剛志 [著]

東京大学出版会

Medical and Nursing Care for the Second-Generation Baby Boomers :
Social Security System in a Super-Aging Society
Toshiaki TACHIBANAKI and Takeshi MORI
University of Tokyo Press, 2024
ISBN978-4-13-040321-4

目　次

序　章　団塊の親世代 …………………………………… 1

はじめに　1

1. 団塊の親世代と死亡率の改善　1
   1.1　団塊の親世代　1
   1.2　死亡率低下の100年　3
   1.3　出生時から死に直面した世代　4
   1.4　死亡率が上昇する現代　5
2. 団塊の親世代と病院の世紀　5
   2.1　戦争と病院　5
   2.2　団塊の親世代が生まれた頃　7
3. 本書の構成　9
   3.1　本書で扱う各世代　9
   3.2　世代という縦の糸　10
   3.3　格差という横の糸　11
   3.4　団塊の親世代と団塊ジュニア世代　12

第 I 部
団塊ジュニア世代の苦境

第 1 章　病める団塊ジュニア世代 …………………………… 15
はじめに　15
1. 格差と健康の関連性　16
   1.1 格差は健康に悪い　16
   1.2 貧困は人を死に至らしめる　17
   1.3 不況と団塊ジュニア世代　19
   1.4 不況が与える健康への影響　21
2. 世代間の健康格差　21
   2.1 独自のアンケート調査と政府の資料　21
   2.2 ひきこもりで所得はいくら低下するのか　27
   2.3 不遇の世代　27
   2.4 100 年間で自殺率が最も高い時代　29
 ▪ コラム 1　ひきこもりの経済的分析　31

第 2 章　団塊の世代と平成の「改革」……………………… 35
はじめに　35
1. 団塊の世代が生まれた頃　36
2. 医学部設置の 100 年間　37
3. 平成の「改革」　43
   3.1 「改革」の序章——平成 9 年の改革　43
   3.2 日本の医療を「改革」　44
   3.3 「改革」の熱狂——平成 18 年の改革　46
   3.4 平成の「改革」のお手本　51

3.5　就職氷河期世代と「改革」　52
　　3.6　平成の「改革」で賃金は下がった　54
　　3.7　平成の改革とは何だったのか　55
　　3.8　官邸主導の弊害　56
　4. 競争と平等　57
　　4.1　競争願望社会から平等願望社会へ　57
　　4.2　過度な競争は「健康」を害する　62
　5. 団塊の世代の100年　63
　▪ コラム２　病院建設の時代　66
　▪ コラム３　公務員──平成の「改革」で奪われた職場　69

第 II 部
日本の社会保障制度の特性

第 3 章　日本における歴史的展開　75
　はじめに　75
　1. 自助，共助，公助の創成期　76
　　1.1　明治・大正時代　76
　　1.2　医療に関する支援　78
　2. 社会保障制度の創成期　80
　　2.1　終戦までの昭和時代　80
　　2.2　戦後の一時期　82
　　2.3　福祉元年　85
　　2.4　最近の話題　86

第4章　国際比較上での日本の位置 …………………… 89

はじめに　89

1. 医療と社会保障の規模　89
   - 1.1　医療費の国際比較　89
   - 1.2　制度で比較すれば　91
   - 1.3　社会保障全体で評価するとどうか　94
2. 哲学思想と経済学の貢献　96
   - 2.1　利己主義と利他主義　96
   - 2.2　功利主義と平等主義　97
   - 2.3　社会保障体系の類型　100
   - 2.4　経済学から言えること　102

第Ⅲ部

セーフティネットの構築と財源

第5章　健康格差 …………………………………… 109

はじめに　109

1. 人々の間の健康格差　110
   - 1.1　所得の高低による格差　110
   - 1.2　現状はどうか　111
   - 1.3　なぜ所得が高い（低い）と長生き（早死に）するのか　114
   - 1.4　健康格差に与える別の要因　120
   - 1.5　教育（学歴）の差は健康格差に影響を与えるか　124
2. 日本の医療供給体制　128
   - 2.1　医者の供給は十分か　128
   - 2.2　医療費は高いか低いか　130
   - 2.3　治療を入院に頼りすぎていないか　131

2.4　かかりつけ医と専門医の役割　132

第6章　医療と財源　……………………………………… 135

はじめに　135

1. 20世紀以前の医薬　136
2. 2つの世界大戦と製薬　137
   2.1　第一次世界大戦と国産化　137
   2.2　第二次世界大戦と開発競争　139
   2.3　3人のノーベル賞受賞者　140
3. 戦後の模倣と自主開発　143
   3.1　第二次世界大戦直後　144
   3.2　海外からの技術移転時代（1950〜60年代）　144
   3.3　国民皆保険と高度経済成長（1960〜70年代前半）　145
   3.4　低成長と薬害問題　146
   3.5　医薬の自主開発時代（1980年代〜）　146
   3.6　政府の役割　147
   3.7　製薬は研究開発が生命線　150
   3.8　神経は再生する――21世紀の医療　153
4. お金の問題　155
   4.1　医療制度間を渡り歩く　157
   4.2　自己負担と自己責任論　159
   4.3　これ以上の負担に耐えられない　160
   4.4　戦略としての医療費拡大　162
   4.5　マクロ戦略としての医療費拡大　165
   4.6　社会保障悪者説　166

- コラム4　医療・介護問題の優先順位分析
   ――ベスト・ワーストスケーリング（Best-Worst Scaling）による分析　170

第7章　介護と財源 …………………………………… 173

はじめに　173

1. 食生活の変化　175
    1.1 食の変化　175
    1.2 食事にこと欠く若者　178
    1.3 成人病との闘い　178

2. 家族構造の変化　180
    2.1 生涯未婚者の増加　180
    2.2 親の存在　181
    2.3 親の時代にあった雇用先　183

3. 介護の黎明期　185
    3.1 介護保険制度の創設まで　187
    3.2 高齢化する東京と衰退する地方　193
    3.3 失われていく人のきずな　197
    3.4 親の介護を担えない若者　198

4. 介護のためのモノ（施設）の充実を　202
    4.1 日本の介護格差　204
    4.2 介護のためのヒトの充実を
    ──介護士の給与はいまだ安すぎる　205
    4.3 公務員の数を欧米なみに　208

5. 介護のためのお金（財源）の充実を　211
    5.1 これ以上の負担は耐えられない　212
    5.2 マクロ戦略としての介護費拡大　213
    5.3 地方再生──地方債の日銀引き受けを進めよ　216

- コラム5　日本も国際標準基準の予算に直せ　218
- コラム6　地方債の日本銀行引き受けは可能　220

第8章　保険料の引き下げを …………………………… 223

はじめに　223
1. 若者が貧困化する仕組み　224
   1.1 国民負担率の上昇が若者をむしばむ　224
   1.2 未婚者を増やす「社会保障負担」　225
2. 国民を豊かにする仕組み　228
   2.1 保険料の引き下げは，賃金を引き上げる　228
   2.2 分厚い中間層の復活が重要　229
   2.3 政府負担は社会保険負担より優れている　231
3. 財源確保のための諸説　233
   3.1 保険料の上昇は格差拡大システム　233
   3.2 財源調達の方法　236

参考文献　238
あとがき　244
索　引　247
著者紹介　250

序章 団塊の親世代

はじめに

　戦後の日本は，3つの人口の塊によって大きな影響を受けたと言える．1つ目の人口の塊は，「団塊の世代」と言われる．1947年から1949年生まれの戦後生まれの集団であり，1年に250万人もいる大集団である．2つ目の人口の塊は，団塊の世代の子供たちの世代であり，団塊ジュニア世代と呼ばれる．前者が日本の高度経済成長期に青春期を過ごしたのに対して，後者はバブル経済が崩壊し，日本が停滞した低成長時代に青春期を過ごしていた．しかしながら，もうひとつの人口の塊がある．それは団塊世代の親の世代である．

1. 団塊の親世代と死亡率の改善

1.1 団塊の親世代

　団塊世代の親はどのような人々であり，どのような社会環境の中で青春期を過ごしたのであろうか．団塊世代は1947～49年生まれであるので，その親の世代の多くは大正時代（1912～26年）の生まれである．彼らは20代から30代の時期をどのように過ごしたのか．大正生まれの男子は1340万人いたが，そのうち戦死者は200万人と言われている．

つまり，大正生まれの男子は7人に1人が戦場で亡くなっている．昭和時代が始まって，満州事変（1931年），日中戦争（1937年〜），太平洋戦争（1941年〜）の軍人・軍属の戦死者は230万人と言われているが，大正生まれの男子の戦死者はそのうちの87%を占める（保阪 2022）．日本の病院，病床数，医師数といった医療ストックは「西高東低」である．つまり，西日本に多くの病院があり医師が大勢いるのに対して，東日本は東京を除いて相対的に少ないのである．これは，明治期から西南雄藩が軍事を増強し，それとともに病院を開設していくという歴史的事実を反映していると考えられる．日本の医療は大正期に近代的な病院・病床数を増やしていくが，政府は医療ストックの投資をするのにあたって，今より「西」に比重を置いたのであろう．

　団塊世代の父親の多くは，20代から30代に戦場から引き揚げ，ボロボロになった日本を荒廃の中から一から立て直し復活させていった世代である．団塊の世代は，その子どもたちの世代である．日本は1960年代に高度経済成長を迎えるが，だれがこの成長を成し遂げたのだろうか．その当時，社会の中核となった世代は，まさに団塊世代の親たちの世代である．彼らの多くは30代後半〜50代であり，働き盛りの社会の中核であった．高度経済成長は団塊世代の親たちの，いままでの苦難と汗の結晶であったともいえる．

　2000年に介護保険法が制定され，日本ではじめて介護保険制度が作られた．終戦の年の1945年に20歳であった人は，この年75歳となっていた．つまり，2000年時点で団塊世代の親はすでに後期高齢者となっていた．日本の介護保険制度は，青春期に戦争を経験し，決して豊かではなく決して華やかでもない時代に20代から30代を過ごした，団塊世代の親たちに利用してもらうために作られた制度であるとも言える．国が2000年に介護保険法を制定したのは，戦後日本の経済成長に多大な貢献をし，戦前においては自らの青春期をささげた団塊の親の世代のためのものであったとも言える．

1.2 死亡率低下の100年

団塊の親世代が生きた100年間というのは，まさに死亡率低下の100年間と言ってもよい．この100年間の死亡率は驚くほど低下している（図序-1）．大正元（1912）年では人口千人当たりの死亡率は20人以上あった．それがこの100年間で半減していく．死亡率が低下していった主な要因として，以下の3つがあげられる．

1つ目は公衆衛生の発展である．上下水道が整備されていき，公衆衛生の進展もあり，人々の衛生状態は格段に改善した．日本では1950年代から1960年代にかけて感染症による死亡率が劇的に低下するが，この時期までは公衆衛生の改善が死亡率低下のための重要な問題であった．

2つ目は経済発展である．国の経済が発展し，人々の生活水準は向上し，栄養状態も改善することで寿命が延びていった．1960年代の高度経済成長期になると，日本人の多くは経済発展の恩恵を享受するように

図序-1　死亡率の推移（人口千人当たり）

出所）人口動態統計（厚生労働省）より作成．

なる．この時期に減塩や血圧コントロールを通じて脳血管疾患の死亡率が低下し，日本人の寿命は長寿化していった（Ikeda *et al.* 2011）．そもそも経済発展の健康状態改善への貢献度は貧困国ほど大きい．1人当たりのGDPを横軸にとり，縦軸に平均寿命をとって世界各国をプロットすると，アフリカ諸国などの低開発国ほど経済状態が良くなると劇的に平均寿命も改善するのである（プレストン・カーブと呼ばれる）．敗戦後，荒廃した国土の中から戦後復興を果たした日本人の寿命が劇的に改善したのは当然であろう．

3つ目は医学の進歩である．1940年代〜60年代の抗生物質の発見とワクチンの開発は，感染症による死亡率低下に大きな貢献をしている．1960年代以降は，血圧コントロールなどによって成人病による死亡率の低下に貢献した．また，低出生体重児の死亡率が大幅に低下したのも，医学の進歩によると考えられている．

1.3 出生時から死に直面した世代

団塊の親世代は生まれた時から，死に直面した世代であるとも言える．この100年間の死亡率の推移をみると，1918年に急上昇していることがわかる．この年はスペイン風邪が猛威を振るった年である．人類が初めて直面したインフルエンザであった．大正6年（1917年）以前に生まれた人々は，感染症の猛威と闘わなければならなかった．スペイン風邪にかからずとも，上下水道はまだまだ未整備であり，農村に住む人々の多くは医療を受けることができずに病気が蔓延している状態であった．感染症の感染には常に警戒する必要があった時代である．

大正時代（1912〜26年），日本では毎年平均190万人の赤ん坊が生まれ，毎年平均120万人が死亡するという多産多死社会であった．大正時代は毎年70万人ずつも人口が増加していたのである．この時代に生まれたのが団塊の親世代である．生まれた後の人生は常に死に直面する人生であったとも言える．生まれてから10歳までに1〜2割の子供は

死んでいった.「七五三」は,大正期に生まれた人々にとって超えられるかどうか生死を分けるハードルの年齢であった.

1.4 死亡率が上昇する現代

死亡率は,21世紀になって上昇に転じている.これは団塊の親世代が死亡率は低下していくなかで人生を歩んできたのとは逆行する趨勢である.死亡する人数が上昇しているのである.実際,2005年から死亡数が出生数を上回るようになっている.

死亡率の推移は,その社会の経済的繁栄や安定性をはかる重要な指標であると言える.日本のこの100年の歴史を振り返ると,死亡率が最低水準で安定していた(人口千人当たり7人を下回っていた)のは,1966年から1992年であった.1966年時点では,団塊の親世代は40代,団塊の世代は10代後半,団塊ジュニア世代はまだ生まれていない.1992年時点では団塊の親世代は60代後半となっている.つまり,団塊の親世代が社会の中核として活躍しリタイアするまでの時代が,日本は最も経済的にも繁栄し安定していた時代であったと死亡率は語っているのである.この時代は,団塊の親世代が40代からリタイアするまでの時期にあたる.自分たちの子供たちの団塊の世代が家庭を持ち,子供を産み育てていく時代が最も死亡率が低かったのである.しかし,その後死亡率は急上昇していく.

2. 団塊の親世代と病院の世紀

2.1 戦争と病院

幕末から明治期以来の近代の日本の医療供給体制の整備や健康増進政策は,戦争と非常に強い関係にある.幕末から明治初期にかけて,西日

本の各藩で藩立の病院が開設される．これは幕末の戊辰戦争で，漢方医は戦傷者の治療に対処できないことが判明したことで，各藩が西洋式の戦時病院を設置したことに起因する．明治4年（1871年）の廃藩置県で藩立病院はそのまま県立病院に移行される．現代でも病院・病床数は西日本に多い「西高東低」現象がみられるのは，歴史的経緯に依存するところがあると考えられる．

　病院の偏った分布は現代にも影響を与えている．図序-2は，現代における病床数と医療費の関係を示したものである．病床数が多い都道府県ほど，1人当たりの医療費が多い．これは，病床数が多い県ではベッドの稼働率を上げるために，それほどひどい病状の患者でなくても比較的長い期間の入院を医師が促しているのではないか，という疑念を抱かせるのである．これは「医師誘発需要」と言われるものである．医学知識に関して医師と患者との情報量の違いを利用して，医師が意図的に過剰な需要を作り出していることをさす．事実，患者の平均入院日数をみると，病床数が多い都道府県では相対的に入院日数が長い傾向にある．つまり，歴史的に幕末の西南雄藩を中心に作られた近代的病院ストックが，現代にまで影響を与えていることが示唆される．

　ただし，逆の見方もできる．そもそも病床数の適正数というのは実はよくわからない．2020年にコロナが蔓延したときに，人口当たりの病床数が少なく，保健所を含めた医療整備体制を平成の時代に削減した府県ほど死亡者数が多かったという事実を鑑みれば，平時には十分な余力が医療には必要であろう．

　病床数の「西高東低」の現状を確認するために，図序-2で病床数の多い県をみると，高知県，鹿児島県，熊本県，長崎県，山口県，佐賀県と西南地域の諸県が並ぶ．幕末のとき高知県は土佐藩，鹿児島県は薩摩藩，熊本県は熊本藩，長崎県と佐賀県は佐賀藩・島原藩など，山口県は長州藩であった．幕末から明治期にかけて，戦争とともに病院を建設し，近代的な西洋医学を学んだ医師を輩出していきながら，医療供給体制を整えていったのである．

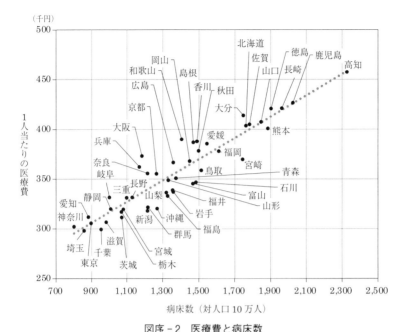

図序 - 2　医療費と病床数

出所）『国民医療費の概況』『医療施設調査』（厚生労働省，令和2（2020）年度）より作成．

2.2　団塊の親世代が生まれた頃

　大正時代，農村や漁村の人々はほとんどが十分な医療を受けることができないでいた．そのため，衛生状態は悪く，結核や寄生虫が蔓延し，死亡率が高い状態であった．当時は漢方医から西洋式の医師へと移行する時代であった．農村で開業していた漢方医が高齢化していく中，若い西洋式の医師の開業は都市部に集中する傾向にあった．このような農村の状態に対して，政府は医師および医療機関の確保と医療費の軽減という2つの目標を掲げ，国民健康保険制度の創設へと動き出す．当時は，医師にかかりたくても高額な医療費のため断念する人が多くいた．国民健康保険法は，ドイツなどの制度をモデルとして大正11年（1922年）

に成立する．成立当初は，農村漁村の人々を救済する法であったわけであるが，昭和 10 年代になると，農民救済を通じて健康な兵力を確保するという戦時立法の性格を持つようになる．そして，その健康な兵力の対象者が団塊の親世代であったわけである．

　ここで，大正期にできた国民健康保険が任意設立主義を採用していた背景について触れておく．任意設立というのは，市町村の住民はその保険者として健康保険を「設立しても，しなくてもよい」というものである．また，保険料の額や徴収方法も組合が自主的に定めるということになっていた．こうした任意主義を採用した背景には，大正期の日本社会では「ムラ」（村落共同体）という強固な共同体が存在し，それがそのまま保険集団の設定にあてはまるものだったということがある．このように地域を基盤とした医療保険制度である国民健康保険は，当時の世界のどの国にも例がない制度であり，それをわが国で創設したことは画期的なことであると言える．また，保険で救済する対象も，農村だけではなく，都市の小規模自営業者や一人親方のような自由業者も救済する必要があることから，職能別に保険の組織を作る特別国民保険組合もつくられた．昭和になると，この国民健康保険組合は戦時体制下で国家統制色が強くなったこともあり，終戦前の 1942〜43 年頃には市町村全体の 95% で組合が設立された（島崎 2020）．

　こうしてみると，戦前にほぼ国民皆保険と言ってもよい状況に見えるが，その実態は現在の強制加入方式による健康保険よりもはるかに見劣りする内容のものであり，保健婦が保健指導を行う程度のものだった．現在のような内容を伴った保険給付事業を行う健康保険となるには，戦後の 1960 年代になるまで待たなければならなかった．

3. 本書の構成

3.1 本書で扱う各世代

　本書では，主に【団塊の親世代】，【団塊の世代】，【団塊ジュニア世代】の3つの世代を取り上げる．団塊ジュニア世代は，就職氷河期の始まりにあたる世代でもある．団塊ジュニア世代に続く世代は，新就職氷河期世代としている．各世代の特徴は次のようなものである．括弧内は2000年から2025年までの年齢の変化を示している．つまり，団塊の親世代の代表として，1925年生まれの人々は2000年時点では75歳であるが，2025年には100歳となるという具合である．

【団塊の親世代】（1925年生：75歳⇒100歳）
　同学年が190万人もいるボリューム層．大正期に生まれて，生まれて間もなく死亡する人も少なくない．10歳になるまでに1割以上が死亡している．10代から日中戦争が始まり，20代には太平洋戦争で徴兵される．男子の7人に1人は戦場でなくなる．生き残った同世代は，敗戦後の日本を復活させ高度経済成長を成し遂げる中核となる．日本がバブル経済で崩壊する頃までには，ほぼリタイアし，余生をおくる．激動の時代を生きた世代である．同世代には，田中角栄（政治家），中曽根康弘（政治家），角川源義（角川書店創業者），盛田昭夫（SONY会長），中内功（ダイエー創業者），千宗室（茶道家），梅棹忠夫（文化人類学）などがいる．

【団塊の世代】（1947年生：53歳⇒78歳）
　同学年が250万人もいる日本最大のボリューム層．一般的に，団塊世代とは，1947～49年の戦後すぐに生まれて，戦争を経験せずに済んだ

世代のことを言う．ただ，本書では団塊の親世代が大正期という10年以上のグループを指しているため，1947〜49年の前後5年も含めると，小泉純一郎（政治家），竹中平蔵（実業家・政治家・経済学者），鈴木宗男（政治家），芸能人では堺正章，西川きよし，ビートたけし，といった人々がこの同世代に入ることになる．高度経済成長期後すぐにあたる時期に20代〜30代の青春期を過ごし，平均経済成長率は5.6%であった．

【団塊ジュニア世代】（1973年生：27歳⇒52歳）

　同学年が200万人いる．団塊の世代の子供たちの世代．バブル崩壊後すぐに就職活動を迎えて，1990年代前半にうまく就職できた人とそうでない人で，その後の人生に大きな差が生じている，まさに格差世代．青春期の平均経済成長率は0.8%であった．

【新就職氷河期世代】（1990年生：10歳⇒35歳）

　同学年は100万人．リーマンショック後すぐに就職活動を迎えて，団塊ジュニア世代同様，うまく就職できた人とそうでない人で，その後の人生に大きな差が生じている格差世代．青春期の平均経済成長率は1.0%．結婚・子育てなど彼らの人生のイベントが，これからの日本社会に大きな影響を与える世代．

3.2　世代という縦の糸

　日本は高度経済成長を経験し1990年に至るまで，ジャパン・アズ・ナンバーワンと言われるまでに経済成長した．しかし，その後の経済停滞は30年以上におよんでいる．団塊世代の親の世代が，決して豊かではなく決して華やかでない20代〜30代を過ごしていたのと同じく，団塊ジュニア世代やさらには就職氷河期世代も，豊かでもなく華やかでもない20代30代を過ごした世代である．

本書は，医療や介護に焦点を当てながら，世代間の相違を「縦の糸」として描写する．特に，団塊の世代と，その子供たちの団塊ジュニア世代（さらにはそれに続く就職氷河期世代）では，置かれた経済的社会的環境はあまりに異なる．それは，あたかも団塊の親の世代と団塊の世代がおかれた経済社会的環境が異なるだけでなく，価値観までも異なるのと同じである．団塊の親の世代は，生まれてから信じてきた価値観が，1945年の終戦とそれに続く戦後で大きな影響を受けたのは想像に難くない．このことは，団塊ジュニア世代や就職氷河期世代が長引く不況のなかで，「競争」「自己責任」という価値観に違和感を覚えるようになっているのと同じである．本書では，世代間の相違・断絶を1つの軸に，医療と介護の問題を見ていく．

3.3　格差という横の糸

　世代間の相違を「縦の糸」とするのに対して，世代間にかかわらず個人属性ごとの相違を「横の糸」として描写する．2000年代に入って，日本が相対的にも絶対的にも貧困化したのは厳然たる事実であろう．1990年を間近に控えた1980年代後半には，世界で最も経済的に裕福な国になるかと思われた日本が，GDPでみて2012年には中国に抜かれ，2023年にはドイツにも抜かれていった．非正規労働者の割合はどの企業どの組織でも上昇し，父親1人働きで一家の家計を支えるのが難しくなるだけでなく，結婚もできない若者が増えたのが平成の時代であった．格差が拡大し，毎年2万人以上の人々が自殺する．特に，10代後半から30代までの死因の1位が自殺であるのは，この国の将来に絶望した若者が少なからずいるということを示唆している．団塊の世代が，その親の世代から「一億総中流」と言われたような平等で公平で安心できる社会を引き継いでいたのとは対照的である．安心して過ごせる日本を取り戻すためにも，公平とは何かという問題に焦点を当てる．

3.4 団塊の親世代と団塊ジュニア世代

団塊の親世代というのは，生まれてから困窮した状態で育ち，青春期は戦争という抑圧された時代を過ごした世代である．彼らの人生は団塊ジュニア世代，さらにはその後の新就職氷河期世代と似ている．団塊ジュニア世代は，20代以降は低成長・高失業率という経済的に抑圧された時代を生きてきた．就職氷河期世代などは，生まれてから経済的に繁栄した時代を一度も享受したことがない．そのため，21世紀には団塊ジュニア世代や就職氷河期世代を中心とした問題が社会問題化する．引きこもり，自殺，未婚化など，どれも社会が縮小化し弱体化する要因となる深刻な問題である．

第Ⅰ部

団塊ジュニア世代の苦境

第1章 病める団塊ジュニア世代

はじめに

　芥川龍之介が「将来に対する不安」を遺書にしたためて，自宅で服毒自殺をしたのは1927年である．享年35歳という若さであった．この100年間の自殺率の推移をみると，10年以上にわたり自殺率が高い水準で継続した時期が2つある．1つ目は，1920年代半ばから1930年代にわたる時期である（1925〜1937年までの12年間）．芥川がうっすらと感じたように，昭和時代（1926年〜）になり，満州事変，日中戦争へと進んでいった時期である．2つ目は，1990年代後半から2010年代にわたる時期である（1998〜2014年までの16年間）．団塊ジュニア世代の多くは，この2つ目の時期に高校や大学を卒業し，社会人として20代〜30代の時期を過ごしていた．

　1990年代末頃から，所得の不平等度を示すジニ係数は上昇している．ジニ係数とは，所得の不平等度を示す指標で，0から1までの値をとり，0に近いほど所得格差が小さく，1に近いほど所得格差が大きい．社会の中で，1人が社会全体の所得をほぼ独占していればジニ係数は1に近い値となり，全員が全く平等に所得を分け合っていれば，ジニ係数は0となる．所得再分配調査によると，1980年代初頭には0.31程度であった再分配後所得のジニ係数は徐々に上昇し，2000年頃から0.35を超え，2021年には0.381となっている．再分配前所得では1980年代には0.35程度であったのが，2021年には0.57となっている．日本の場合，再分

配前所得に比べて再分配後所得の方がジニ係数が小さな値となるのは，公的年金や医療・介護費などで，若年者から高齢者への所得分配が，税や社会保険料を通じて再分配されたためである．ただ，ここで重要なのは，若年者から高齢者への再配分にくらべて，若年者，特に貧困な若年者への再分配はそれほど大きな額ではないことである．

1. 格差と健康の関連性

1.1 格差は健康に悪い

そもそもなぜ格差は問題なのだろうか．時代によって格差が大きい時代もあれば小さい時代もある．格差の程度を示すジニ係数の値が大きいほど，死亡率は統計的にも有意に高くなり，ジニ係数が0.05高くなると，死亡率は1.08倍になると報告されている．さらに，「自分がどの程度健康であるか」という自己評価も，格差の拡大とともに低下することが指摘されている (Kondo et al. 2009).

なぜ，格差が大きくなると人の健康状態は悪化するのであろうか．ハーバード大学のイチロー・カワチ氏による健康と格差に関する一連の研究では，格差がどれくらい健康に悪影響を与えるかが報告されている（カワチ・スブラマニアン・キム編 2008）．そこでは，人は相対的な生き物であることが明らかにされている．日本人全員が貧乏な終戦直後であれば，みんなが同じような生活状況なので，格差を肌で感じることはない（当然ながら，この時期でもごく一部の人たちは裕福だった）．しかし，自分以外の一部の人たちがお金持ちであれば，妬みや自己嫌悪などさまざまな感情が沸き起こってくる．格差が個人の健康や幸福感に与える相対的なメカニズムを示すものとして，相対的剥奪という概念がある．相対的剥奪とは，人の幸福度はその人の置かれている境遇の絶対的な優劣によって決まるものではなく，人の持つ主観的基準と現実とのギ

ャップによって相対的に決まるという考え方である．終戦直後は，どの人の生活水準もいまより絶対的に低いものだったが，当時の人々のもつ主観的な基準と現実に大きな開きはなく，前を向いて前進していけた．1950年代になると，人々のもつ主観的基準以上に所得はどんどん上昇し，生活環境はみるみる改善していったので，幸福度も格段に上向いていったであろう．

　戦後の日本の場合，戦後直後の混乱期を除けば1950年代から1980年頃までは安定的に格差は低い水準にあった．この時期，団塊の親世代は20代から50代であり社会の中核的な立場にあった．団塊の世代は，幼少期から30代前半の頃である．彼らは生まれてから30代前半の時期に，経済成長の果実と平等な社会を享受したと言えるだろう．しかし，1980年代に入り徐々に格差は拡大していく．2020年頃には，日本は階層化社会とまで言われるくらい貧富の差が拡大した．1980年代に団塊ジュニア世代は10代後半だったが，2020年代には40代後半から50代の社会の中核を担う世代となっていた．彼らの幼少期の社会的状況と2020年代のそれは，あまりにも違いがあったのである．

1.2　貧困は人を死に至らしめる

　健康はさまざまな社会的要因によって決定されるが，近年は格差以上に人を死に至らしめるほど深刻な問題がある．それは貧困問題である．

　社会の貧困の度合いを示す代表的な指標として「相対的貧困率」がある．ある一定の水準で「貧困線」を引き，その貧困線を下回る個人の比率を示したものが貧困率である．貧困率の基準となる所得は世帯所得ではなく，「等価所得」という個人ベースの所得が用いられる．通常，世帯所得を世帯人員の平方根で割った値を等価所得として用いるので，世帯所得が500万円の世帯で，世帯人数が2人であれば，439万円，3人であれば289万円となる．貧困線は，社会全体の等価所得の中央値である50%に等しい水準で引かれる．

この30年間,日本の相対的貧困率は上昇してきた.1985年に12.0%,1997年には14.6%,2000年には15.3%,2012年には16.1%となった.その後,15%代で横ばいに推移している（図1-1）.

貧困率は2012年を頂点として,その後は15%代で横ばいに推移しているが,もし貧困線が1997年の149万円のままで固定されていれば,貧困率はもっと上がったことであろう.例えば,ここで世帯人員3人の年収250万円の世帯を考えてみよう.この世帯の場合,等価所得は145万円（＝$250/\sqrt{3}$）となる.1997年時点であれば,この世帯は貧困線より下に入るので,貧困率にカウントされるが,2000年以降はカウントされない.これは2000年以降,貧困の基準がかなり低く見積もられるようになったからである.その背景には日本全体の所得の低下がある.つまり,社会全体が貧困化したということである.貧困は格差以上に,痛烈に人の心を傷つけるものである.

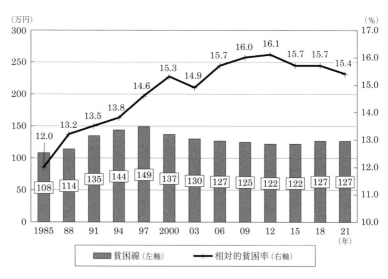

図1-1　貧困率の推移（人口千人当たり）

注）2018年及び2021年は新基準による数値.
出所）厚生労働省「国民生活基礎調査」より作成.

特に，格差が拡大している中で，自分は貧困状態にあるというのは深刻な自己嫌悪に陥ることになりかねない．自殺に至る理由はさまざまだが，うつなどの健康の問題や生活苦などの経済問題が，上位を占めている．

1.3 不況と団塊ジュニア世代

団塊ジュニアの世代は，大卒時にはバブル崩壊後の就職氷河期に就職しなければならなかった世代である．この世代は経済的困窮から結婚しない人が多く，長らく不況に苦しめられてきた．世代別の就職状況の違いを比較すると，団塊世代と団塊ジュニア世代とでは大きく異なる．

図1-2は，戦後の日本の実質経済成長率と実質GDPの推移を示したものである．1973年のオイルショック前の高い成長率と比べて，その後の成長率は大きく低下していることがわかる．この実質成長率の値

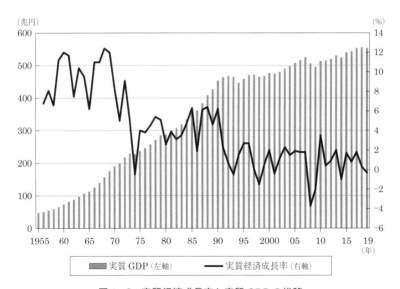

図1-2 実質経済成長率と実質GDPの推移

出所）内閣府「国民経済計算年報」より作成．

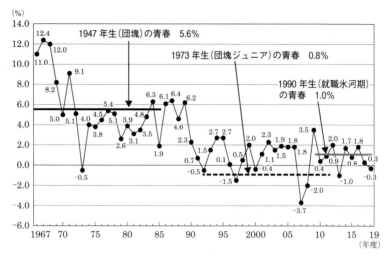

図1-3 世代別の青春期（20代〜30代）の平均成長率

注）値は年度ベース．1980年度以前は1990年基準（68SNA），1981〜1994年度は2000年基準（93SNA），1995〜2014年度は2005年基準（93SNA），2015〜2019年度は2015年基準（2008SNA）に基づく．
出所）内閣府「国民経済計算年報」より作成．

を用いて，世代別の青春期（20代〜30代）の平均成長率を計算したものが図1-3である．1947年生まれ，1973年生まれ，1990年生まれをそれぞれの世代の代表として表している．図1-3を見ると，1947年生まれの団塊の世代は，20〜30代の青春期には5%を超える高い成長率だったのに対して，1973年生まれの団塊ジュニア世代以降は，1%以下の低成長率時代に青春期を過ごしていることになる．

戦後生まれの恵まれた世代と，その子供たちの経済的不況状況という対照的な光景は，日本だけに限ってみられるものでなく，海外でも同じような状況がみられる．ただし，海外の先進国と比べると，日本の場合はこの30年間ほぼ全く経済成長をしていない．

1.4 不況が与える健康への影響

海外の先行研究によると，人生のある時期（特に青春期）に不況を経験すると，メンタルヘルスに大きな負のダメージを受けるという報告が多くある．2008年のリーマンショックの前後でメンタルヘルスがどのように変化したかをスペインで分析した研究（Bartoll *et al.* 2015）や，日本，香港，韓国，台湾，シンガポールという東アジアでの自殺率の上昇を研究したもの（Chang *et al.* 2009），世界54か国で自殺率がどれくらい上昇したかを研究（Chang *et al.* 2013）したものがある．さらには，不況が健康に悪影響を与えることと健康格差を拡大することを，イギリスとスウェーデンで比較研究した研究（Copeland *et al.* 2015）もある．景気後退の影響によるメンタルヘルスへの悪影響のこれまでの研究の全体像を知るには，レビュー論文も役に立つ（Frasquilho *et al.* 2015）．

2. 世代間の健康格差

2.1 独自のアンケート調査と政府の資料

我々は2021年夏に独自にアンケート調査を行い，日本における世代間の健康（メンタルヘルス）や価値観の違いを探った．いくつかの項目については，政府が行っている調査項目と同じものを使用して比較できるような形にしておいた．調査対象者は，全国の20代から70代まで各世代200名程度，合計1,363名の日本人男女である．健康や所得，働き方，家族構成から個人の価値観まで，幅広い項目を調査した．

健康について，我々が独自に行ったアンケート調査では，「こころの状態」の危険度を示す指標として広く用いられている6項目の質問を用い，ケッスラーのKという指標を用いて点数化している．この項目は，

政府が用いている項目と同じものである．各項目に対して各0～4点，合計0～24点となる．通常，日本人の場合は，5点以上で黄色信号，13点以上で重篤な危険信号となる．結果は，表1-1の通りであった．調査時期が2021年夏であるため，コロナの影響もあるが，なんと20代では20%もメンタルヘルスが「重篤」である状態ということであった．図1-4は，「こころの健康状態」をグラフにしたものである．これをみると，20～40代の若年者のこころの健康状態がひどい．これに対して，高齢世代（特に70代）では健康状態が比較的よい．

　厚生労働省は，日本人の暮らしや生活感について，1986年（昭和61年）から3年に一度大規模な調査を実施している（「国民生活基礎調査」）．生活意識についての直近の調査結果（2019年）は，図1-5でグラフ化した．結論から言うと，我々の調査結果と整合的な結果である．こころの不健康（ケッスラーのK）は，やはり若・中年世代で高く，高齢世代で低いことがわかる．

　次に，こころの健康状態とは異なる指標で，同じく個人の生活の満足度を調べた．我々の調査では「生活満足度と不満」についても調べている．調査では，「あなたは，現在の生活にどの程度満足していますか？「全く満足していない」を0点～「非常に満足している」を10点とした場合，今のあなたの満足度は何点ですか？」と尋ねている．結果は表1-2の通りであった．

　ここでも，世代間の違いが浮き彫りになっている．満足度は，若・中年世代は低く，高齢世代（特に70代）で高いことがわかる．これに対して，不満は20代～40代の若年世代で高く，高齢世代で低いことがわかる．生活に不満を持つ割合は，20代では17%もいるのに，60代では7.4%しかいないし，70代では2.2%である．本当にこれほどまでに，生活全般に対する満足度について，世代間格差が大きいのだろうか．別の観点から見たものとして，家族構成の違いで生活意識をまとめたものが，図1-6である．

　「児童がいる」若年世帯は，「生活が苦しい」割合が6割もいる．これ

第1章 病める団塊ジュニア世代　23

表1-1　こころの健康状態

	ケッスラーのK	重篤者
全体	4.5	10.50%
20代	7.2	20.30%
30代	6.1	16.50%
40代	5.7	15.00%
50代	3.5	6.10%
60代	2.5	4.30%
70代	1.8	1.30%

注）ケッスラーのKは，メンタルヘルスの危険度を示す指標として用いられる．6項目の質問に対して各0～4点，合計0～24点となる．通常，日本人の場合は，5点以上で黄色信号，13点以上で重篤な危険信号．
出所）独自アンケート調査（2021）結果より．

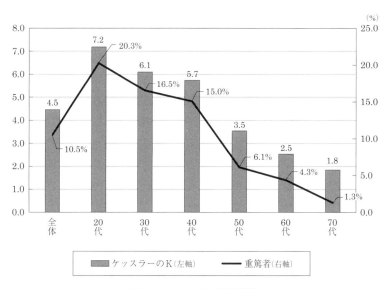

図1-4　こころの健康状態

出所）独自アンケート調査（2021）結果より．

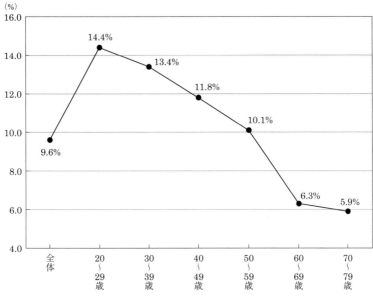

図1-5 年代別の「こころの不健康」

注）厚生労働省「国民生活基礎調査」は，ケッスラーのKの指標を「こころの状態」を示す指標として用いている．
出所）厚生労働省「国民生活基礎調査」(2019) より．

表1-2 生活全般についての満足度

	満足度（点）	不満（%）
全体	5.6	12.1
20代	5.0	17.1
30代	5.1	14.7
40代	5.1	19.0
50代	5.5	12.7
60代	6.1	7.4
70代	6.8	2.2

出所）独自アンケート調査（2021）結果より．

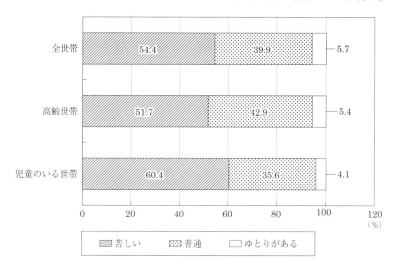

図1-6 生活意識

注) 苦しい=「大変苦しい」+「やや苦しい」，ゆとりがある=「ややゆとりがある」+「大変ゆとりがある」．
出所) 厚生労働省「国民生活基礎調査」(2019) より．

表1-3 (50歳までに) 自宅療養・入院経験の割合

(%)

	自宅療養経験あり	入院経験あり	ない	わからない
全体	9.2	9.9	78.1	2.8
20代	16.7	6.3	71.6	5.4
30代	12.9	5.8	77.2	4.0
40代	11.5	10.2	75.2	3.1
50代	7.0	10.9	79.0	3.1
60代	6.1	13.9	78.8	1.3
70代	1.7	12.1	86.1	0.0

注) 調査では，「過去 (50歳まで) に」，「学校・仕事にいくこともなく，社会的活動 (趣味・ボランティア活動) もせず」に，1か月以上の間，自宅にひきこもっていた (自宅療養) あるいは入院していた経験はありますか？」と尋ねている．
出所) 独自アンケート結果より．

に対して，高齢世帯では5割である．児童がいる若年世帯の方が，高齢世帯より「苦しい」と回答する割合が高いのである．生活に苦しいか，ゆとりがあるかというのは，経済的状況の違いでもある．若い世代は，経済的に恵まれず，心の闇を抱えている人が増えている．

　これに対して，高齢世代は，高度経済成長期に青春期を過ごし，経済的にも恵まれた世代である．そのため，メンタルヘルス上の問題を抱えた人はかなり少ない．実際に，いままで生きてきた中でどれくらいの人が，いわゆる「ひきこもり」になって自宅療養，あるいは入院をした経験があるかを調査で尋ねてみた．いままでの人生として，「自分が50歳になるまで」という条件で，自宅療養や入院の経験の有無を尋ねた．

　結果は，表1-3に示した通りである．ここでは，自宅療養をひきこもりと同様とみると，ひきこもりの経験の割合も，驚くべきことに，20～40代の若年世代の方が高齢世代よりも多い．70代はわずか1.7%しか自宅療養した経験がないのに対して，20代の若者はその約10倍の16.7%も経験がある．

　確かに，入院経験について高齢になるにつれて，体力の衰えのため増加する傾向にあると予想できるので，増加傾向にあることは理解できるが，自宅療養の割合が，若年世代で高いのは深刻である．

　内閣府が行った40～60歳を対象にした調査（「生活状況に関する調査」平成30年度）によると，ひきこもりの出現率は1.45%で，推計では61万人存在する．ひきこもりの男女比率は男性が77%，女性が23%と男性の方が，女性よりもひきこもりになる確率は3倍以上高い．やはり，男性は女性よりも孤立しやすい生き物なのだろう．

　ひきこもりの期間については，7年以上の場合が5割近くあり，一度ひきこもると長期化しやすいことがわかる．また，初めてひきこもりとなった年齢は，どの年代にも幅広く分布しているが，29歳までで全体の3割を占めている．ひきこもりになったきっかけは，「退職」「人間関係のもつれ」「病気」「職場関係」とつづく（「生活状況に関する調査」平成30年度）．

2.2 ひきこもりで所得はいくら低下するのか

　自宅療養の経験者が，20代〜30代の若者で多く，我々の調査では13〜15%もいることがわかった．では，自宅療養や入院を経験した結果，経済的ダメージはどれぐらいなのであろうか？年収でみて，どれぐらいの減少となるのであろうか．ここでは，独自に行ったアンケート調査をもとに，少し専門的な計測方法で分析した結果を見る．より詳細なことは，コラム1で述べている．

　結論から言うと，生涯の全期間でみると，男性だけが109万円のダウンとなり，女性は有意な差はないという結果であった．ただ，男女で低下する時期が異なる．ひきこもり経験がある男性は中年期（40代〜50代）に242万円，女性の場合は若年期（20代〜30代）に117万円の世帯所得のダウンとなる．これは，自宅療養・入院したことがない人と比べて統計的に有意に低下しているという結果であった．調査では，世帯所得を聞いているので，「自宅療養・入院をした経験をもつ家庭の所得がどれだけ低下するか」ととらえればよい．

　この男女による時期の違いは，ある程度我々の直感に合致する．女性の場合は，高卒あるいは大卒ですぐに就職する人と，自宅療養者・入院経験ありでは，若年期（20代〜30代）にだけ有意な差が出るかもしれない．なぜなら，日本では女性の場合，結婚・出産退職する慣行が根強くあり，その後復職してもパートやアルバイトという形が多いため，結婚する前の若年期にだけ差が出ると考えられるからである．これに対して，男性の場合は，ひきこもり経験がある人とそうでない人では，生涯にわたる年収差がずっとつきまとうというのも理解できる．

2.3 不遇の世代

　団塊ジュニアは，不遇の世代と言える．それは彼らが生まれた時から

28 第Ⅰ部 団塊ジュニア世代の苦境

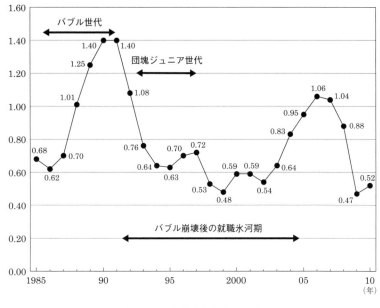

図1-7 有効求人倍率の推移

出所）総務省「労働力調査」，厚生労働省「職業安定業務統計」．

始まる．団塊の世代を親に持つ団塊ジュニア世代は，生まれた時から常に過当競争の中にあった．受験競争に始まって，就職や出世競争と，人生の重要な場面で常に激しい競争にさらされてきている．団塊ジュニアのすぐ上のバブル世代とは，大きな違いである．

　大卒時には，その上のバブル世代とは異なり，有効求人倍率は急下降する（図1-7）．1993年以降有効求人倍率は1.0を下回り，2006年まで回復することはなかった．この時期は，ちょうど彼らが新卒採用に挑んだ時期にあたる．

　職に就けなかった者や不本意ながら非正規雇用に就いた者は，いつか正規雇用の職に就けることを夢見るが，10年以上も雇用状況は改善しなかったわけである．非正規雇用者の数はどんどん増加し，社会問題化して取り上げられるようになった．不本意な非正規雇用を長期間続けざ

るを得なかったことで，スキルも磨けずに結局労働市場から退出することになる者もいる．彼らの中で，精神的に病む者が大勢いるのも当然だろう．不安定な雇用は不安定な収入と生活に至ることになる．すでに紹介した「相対的剥奪」という概念が，団塊のジュニア世代には当てはまる．自分のすぐ上の世代は，「バブル世代」と言われたほど就職状況が良かった時代であった．もし，数年生まれるのが早ければ，自分にも回ってきたはずの正規雇用の職が，自分たちの時代には剥奪されているわけである．団塊ジュニア世代が持つ主観的基準と残酷な現実とのギャップは，あまりにも大きなものであった．有効求人倍率が1.0を上回るのは2006年のことであるが，その後リーマンショックによって，再び有効求人倍率は急降下する．

本来なら，社会に出る若者の雇用を救うのは政治の役目のはずである．社会が若者を見捨てた時代こそが平成の時代だったと言える．

2.4 100年間で自殺率が最も高い時代

本章の冒頭で，この100年間の人口当たりの自殺率の推移をみると，10年以上にわたって自殺率が高い時期は2つだけあると指摘した．1つ目は1920年代半ばから1930年代，2つ目は1990年代後半から2010年代である．前者は日本が長い不況で戦争へと進んでいった時期である．後者は平成の長い不況の中にある時期である．では，どちらの方が人口当たりの死亡率が高いのだろうか．それは後者の1990年代後半から2010年代に至る時期である．現代の方が，戦前のそれよりも自殺率が高いのである．現代は，10代後半から30代までの死因の1位は自殺という時代である．1998〜2014年までの16年間は，1973年生まれの団塊ジュニア世代が25歳〜41歳に至る時期である．ちょうど，結婚・子育て期間にあたる時期に，日本社会は長期の不況と将来に展望を見いだせない状況にあったわけである．

ふたたび，死亡率の100年の推移（図序-1）をみると，21世紀にな

表 1-4　貧困状態

(%)

	十分な食料・飲料がない	薬や治療を受けられない	現金収入がない
20代	15.8	12.6	17.6
30代	12.5	10.7	17.9
40代	10.6	9.7	12.8
50代	10.9	7.0	11.4
60代	5.2	3.5	11.7
70代	2.2	1.3	6.1

注)「頻繁にある」+「ときどきある」の割合.
出所) 独自アンケート結果より.

って我が国の死亡率はわずかながら上昇傾向にある．これは死亡率が低下する3つの要因のなかの何かが，逆向きに作用していると考えられる．3つの要因とは，公衆衛生の発展と，経済発展と，医学の進歩であった．確かに公衆衛生の進展は，19世紀や20世紀前半とは異なり，現代は格段に良くなった．そのため，感染症による死亡者はごく限られたものとなっている．3つ目の医学の進歩も，目を見張るものがある．問題は，2つ目の経済発展である．20世紀終わり頃から日本経済は長期にわたり停滞し，今や貧困が蔓延している．

　表1-4は，我々が貧困状態についてアンケート調査をした結果をまとめたものである．

　20代から50代の年齢層の一部の人たちは，貧困状態にあると言える．「十分な食料・飲料がない」と回答した人は20代では15.8％と，6人に1人は日々の食に欠乏していると回答している．50代でさえ10.9％なので，9人に1人の割合である．「薬や治療を受けられない」という人も，20代では12.6％いる．これは安価な医療を全国民に提供している日本の国民皆保険制度の，危機とも言える状態だと認識すべきであろう．

　なぜこのようなことになったのか．どうして若者が見捨てられるようになったのか．それには，いったい1990年代後半から今日まで何があったのか，つまり，平成の間に何があったのかを理解する必要があるだろう．

■コラム1　ひきこもりの経済的分析

【要点】

　傾向スコア（Propensity score）分析で，自宅療養・入院（ひきこもり）の経験が所得に影響を与えるかをみます．ここでは，自宅療養だけではなく，入院もひきこもりとして含めています．

【計測結果】
⇒・性別では男性のみで109万円の世帯所得の差
　・男性：中年期に242万円の差
　・女性：若年期に117万円の差
　（男女で時期が違う！）

表1-A　世帯年収（万円）

	健常者	療養経験あり
全体	608.3	517.0

　表の通り，自宅療養・入院（ひきこもり）の経験があるグループの世帯年収は「517万円」，経験がないグループは「608万円」です．

表1-B　傾向スコア（Propensity score）分析による「自宅療養」による世帯年収差（万円）

	男性	女性
全体	− 108.7	―
若年（20代〜30代）	―	− 116.9
中年（40代〜50代）	− 241.7	―
老年（60代〜70代）	―	―

注）「―」は有意な差がない．

　表の通り，男女で差がある時期が異なります．生涯の全期間でみると，男性だけが109万円のダウンとなり，女性は有意な差はないという結果です．ただ，男女で低下する時期が異なります．ひきこ

もり経験がある男性は中年期（40代〜50代）に242万円，女性の場合は若年期（20代〜30代）に117万円の世帯所得のダウンとなります．傾向スコア（Propensity score）分析について，少し詳細に分析方法を紹介します．分析にはStata（ver16）という統計ソフトを使用しています．

アンケートデータでは，「自宅療養・入院（引きこもり）の経験：hiki1」と「世帯所得：income1」の変数を用います．

- 自宅療養・入院の経験あり：hiki1=1
- 自宅療養・入院の経験なし：hiki1=0

この2つの所得の分布のグラフは図1-Aのようになりました．2つとも似たような分布をしています．これを記述統計量で見てみます．

- 自宅療養・入院の経験あり：hiki1=1の世帯所得：517万円
- 自宅療養・入院の経験なし：hiki1=0の世帯所得：608万円

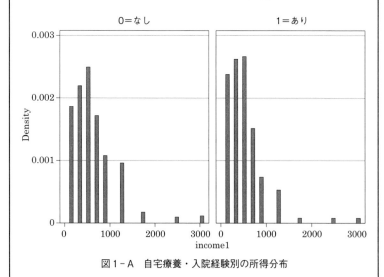

図1-A　自宅療養・入院経験別の所得分布

となり，91万円ほどの差があることがわかります．

しかしながら，標本数が異なります．自宅療養・入院の母数の確認をすると，全体の20%程度です．つまり全体の中の80%のグループ（健常グループ）と20%のグループ（ひきこもりグループ）を，単純に比較するのには無理があります．

なぜなら，2つのグループ間で交絡効果があることが考えられるからです．つまり，学歴・性別・健康状態などで偏った人たちが，自宅療養・入院の経験のあるグループに入ることがあると考えられるからです．実際に，調べてみてもグループ間で属性の違いは確かめられます．こうした個体調整をする分析方法が，傾向スコア（Propensity score）分析です．

さて，実際に2つのグループについて基本的な統計量を調べてみました（表1-C）．ageは年齢，collegeは大卒ダミー，work_sta1は正職ダミーです．自宅療養・入院の経験のあるグループでは，大卒者が54%で正職者が25%でした。自宅療養・入院の経験のないグループ（大卒者が62%で正職者が34%）の人よりも，かなり低いことがわかります．

表1-C　自宅療養・入院経験別の記述統計量

sum age college work_sta1 if hiki 1 : 0 = なし

Variable	Obs	Mean	Std. Dev.	Min	Max
age	1,102	50.39111	16.23875	20	79
college	1,102	0.6197822	0.4856606	0	1
work_sta1	1,102	0.3430127	0.4749312	0	1

sum age college work_sta1 if hiki 1 : 1 = あり

Variable	Obs	Mean	Std.Dev.	Min	Max
age	261	48.16475	16.15191	21	78
college	261	0.5363985	0.4996315	0	1
work_sta1	261	0.2490421	0.4332891	0	1

自宅療養・入院の経験という「処置」が，世帯所得という「結果」に与える影響について考えるとき，2つのグループの変数の分布には「差がない状態」が理想的です．しかし，学歴や職業で差がある場合，あたかも同じような変数をもつ個体があるように割り付け（マッチングを行って），その同じような個体どうしで「結果」の差の比較を行うことがよいことになります．これが，傾向スコア（Propensity score）分析です．

第 2 章 団塊の世代と平成の「改革」

はじめに

　戦後の時代は，団塊の世代が生きた時代とほぼ一致する．ただし，戦後のなかで昭和の時代と平成の時代では，様相が異なる．前者は「建設」の時代であるのに対して，後者は「改革」の時代と言える．医療についても同様のことが言える．団塊の世代が生まれた戦後直後は，医師がいない農村や山村が存在しており現代よりもずっと医療格差が大きかった．何よりも，医師を輩出する医学部が存在していない県が数多くあった．1973（昭和 48）年に「福祉元年」を宣言し，老人医療の無料化を実現させた田中角栄元総理（大正 7（1918）年生まれ）は，一県一医大構想を打ち出した．一県一医大構想とは，少なくとも，どの都道府県にも 1 つ以上の医大を設置していくというものであり，医学部がない県にあまねく設置する計画を推し進めた．まず山形大に医学部を設け，81 年に琉球大に第 1 期生の医学部生が入学するまで，毎年のように医学部が誕生した．しかしながら，その後政府は医学部建設の方針を凍結した．82 年，中曽根康弘政権は医師が増えすぎないようにする旨を閣議決定している．その後，医学部は 2016 年に東北医科薬科大学が宮城県に誕生するまで，35 年間新設されずにいた．21 世紀になって新たに誕生したのは，2 つだけである．1970 年代までの「建設」の時代を担ったのは，団塊の親世代である．1980 年代から平成の時代に入り，「改革」の風が吹き始める．1985 年には大正 14（1925）年生まれの団塊の親世代は 60

歳となり，現役を引退し始める（1985年は基礎年金制度が導入された年でもある）．代わって社会の中核を担ったのは，団塊の世代である．1980年代から時代は徐々に「改革」をすすめるようになっていった．

　この章では，最初に国民皆保険制度創設を軸とした医療「建設」期に焦点をあてる．当時の日本では，そもそも病院・診療所のストックが，欧米諸国に比べてきわめて乏しい状況であった．団塊の親世代が中核となって，あまねく近代医療を全国で提供できるように病院・診療所開設に心血を注いだわけである．しかしながら，1980年代から平成の時代にわたって，改革のメスが医療の分野にも及ぶ．その背景には，新自由主義的な競争主義・個人主義が垣間見える．

1．団塊の世代が生まれた頃

　第二次大戦直後，国民健康保険は人手不足や社会的混乱によって事業を休止する組合がほとんどとなっていた．1947（昭和22）年，団塊の世代が生まれた頃に行われた調査では，全国にあった1万343組合のうち，事業を行っていたのは1,675組合で，わずか16％にすぎなかった．こうした状況に対応して，政府は翌1948年，法改正によって国保を組合設立ではなく，市町村の事業として行うこととした．そして，国保事業を行う市町村の住民は強制的に国保加入者となることにされたのである．これは国保の性質が，「保険原理」から「皆保険原理」に変化したととらえることができる．つまり，保険者と被保険者との契約によって加入し，被保険者は保険料を支払って給付を受けるという保険の性質から，個人の意思や負担能力とは関係なく保険に加入させるという性質のものへと変化しているわけである．

　法改正と都道府県の熱心な指導によって，1951（昭和26）年には国保の保険者の大部分が市町村公営になった．ただ，診療報酬の度重なる引上げと受診率の上昇で，市町村は多額の赤字を抱えることとなる．市

町村から国保に対する国庫補助を求める要望が強くなり，1955（昭和30）年の法改正で療養給付費の2割補助が法律で規定されて，国保の財源は安定化していく．国民を強制加入させるために十分な額の公費を投入することを，政府は決断したわけである．

1955年の法改正の時点では，国保を運営していない市町村の住民と（被用者5人未満の）中小零細企業の労働者とその家族，合わせて3000万人が医療保険未加入者として存在していた．この3000万人の保険未加入者が社会問題として注目を集め，国民皆保険の実現に向けて反対する政治勢力がいない状態となっていた．1958（昭和33）年，政府はそれまで任意とされていた国保の実施を市町村に義務とすることとした法改正を行い，1961（昭和36）年には全市町村で国保制度が実施された．ここに，国民皆保険制度が開始したわけである．これほど早い時期に国民皆保険制度がスタートしたのは，日本だけであった．その背景には，戦前からの国保制度の整備と戦後の急激な経済成長の恩恵があったことは確かであろう．ただ，医療体制の中身の問題は，国民皆保険制度が成立してからもまだ問題山積であった．何よりも医師を輩出する医学部が1つもない県が，1960年代当時は数多くあったからである．

2．医学部設置の100年間

日本の医学部設置の歴史は，およそ100年の歳月をかけて設置されていった歴史である．それは大別すると3期に分けられる．図2-1は，医学部の設置数の推移をまとめたものである．それぞれの時期にどのような医学部が設置されたかをまとめたものが，表2-1である．

第Ⅰ期は，明治大正期から1920年代末までである．第Ⅰ期は，近代医学の全国への普及と，西洋式の医師の養成が急務であった時期である．この時期に設置されたのは，明治期の帝国大学令と大正期の大学令によるもので，おおよそ旧帝国大と言われる大学である．公立私立の医学専

門学校も盛んに設立されていることがわかるが，開校された旧帝国大学を順にみていく．明治維新から政府は9つの帝国大学を設置していった．順にみると，最初は東京帝国大学，2番目は京都帝国大学，3番目は東北帝国大学，4番目は九州帝国大学，5番目は北海道帝国大学，そして1924（大正13）年に6番目の帝国大学である京城帝国大学（現在のソウル大学）を開校し，さらに1928（昭和3）年には7番目の帝国大学である台北帝国大学（現在の台湾大学）を開校する．8番目は大阪帝国大学（1931（昭和6）年），9番目が名古屋帝国大学（1939（昭和14）年）である．京城帝国大学や台北帝国大学が大学令により，大阪や名古屋よりも優先されて設置されたわけである．開校当初は，どちらの帝国大学でも日本人学生の方が多いが，徐々に現地の学生が増えていき，現地で高等教育を提供する目的が達成されていったわけである．事実，京城帝国大学を卒業した後，朝鮮半島で軍医を務めた元卒業生の一人は「入学してくる現地の学生は優秀であった」と当時を振り返って証言している（NHK「シリーズ証言記録　市民たちの戦争『"引き揚げ"の嵐の中で――京城帝国大学　医学生の戦争』」2010年2月17日放送）．

　この時期の台湾に関するエピソードとしては，台湾総督府の技師である八田與一氏を紹介したい．10年間の歳月をかけて，当時東洋一と言われた烏山頭ダムを完成させ灌漑施設を作り，それまで荒涼としていた台湾南部の地を肥沃な田園地帯とした人物である．元台湾総統・李登輝氏は，次のような言葉で賛辞を贈っている．

　「台湾に寄与した日本人を挙げるとすれば，おそらく日本人の多くはご存じないでしょうが，嘉南大圳を大正9年から10年間かけて作り上げた八田與一技師が，いの一番に挙げられるべきでしょう．台湾南部の嘉義から台南まで広がる嘉南平野にすばらしいダムと大小さまざまな給水路を造り，15万ヘクタール近くの土地を肥沃にし，100万人ほどの農家の暮らしを豊かにしたひとです．」（司馬遼太郎『街道をゆく(40)台湾紀行』朝日文庫，1994年）．戦前の日本政府は，統治した領域に教育，医療，灌漑設備など社会インフラを惜しみなく提供したのである．とこ

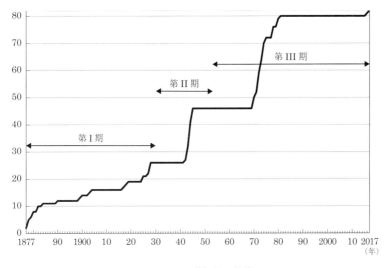

図 2-1　医学部数の推移

注）実線は（戦前の医学専門学校を含めた）大学医学部の数の推移.

ろで，第Ⅰ期における東京都では，医学部はすでに 9 校も存在している（現在は 13 校）．この時点で，すでに東京都にいかに医学部が集中しているかがわかる．東京都への過度の人口集中が，医学部の設置にも影響を与えているのである．

　第Ⅱ期は，医学専門学校が戦後の学制改革によって医学部となるものである．第二次世界大戦のさなか，医師の臨時要請が急務となる中で，1940 年代に医学専門学校が新設されていった．それらは，戦後の学制変更で選別されて，存続したものが医大となった．私立はわずかに 1 校のみで，ほとんどが国公立である．医療供給体制は国の政策が大きな影響を与えることは，この時期をみれば明らかである．公債を発行して積極財政を推進していったのである．

　第Ⅲ期は，一県一医大構想のもと，どの県にも少なくとも 1 つの医大を設置すべく，多くの医大が新設された．逆の見方をすれば，1960 年代までは全く医大が存在しないという県が日本中に多くあった．それま

表2-1 医学部の創立年

設置時期		都道府県	国公私立別	大学名	創立年*	新学制移行直前の名称（1949年）	旧制大学設立年
I期	1	北海道	国立	北海道大学	1919	北海道帝国大学	1918
	2	岩手県	私立	岩手医科大学	1928	岩手医科大学	1947
	3	宮城県	国立	東北大学	1872	東北帝国大学	1907
	4	千葉県	国立	千葉大学	1882	千葉医科大学	1923
	5	東京都	国立	東京大学	1872	東京帝国大学	1877
	6	〃	私立	慶應義塾大学	1917	慶応義塾大学	1920
	7	〃	私立	昭和大学	1928	昭和医科大学	1946
	8	〃	私立	東京医科大学	1918	東京医科大学	1946
	9	〃	私立	東京慈恵会医科大学	1890	東京慈恵会医科大学	1921
	10	〃	私立	東京女子医科大学	1900	東京女子医科大学予科	
	11	〃	私立	東邦大学	1925	帝国女子医学専門学校	
	12	〃	私立	日本大学	1925	日本大学	1942
	13	〃	私立	日本医科大学	1904	日本医科大学	1926
	14	新潟県	国立	新潟大学	1879	新潟医科大学	1922
	15	石川県	国立	金沢大学	1884	金沢医科大学	1923
	16	愛知県	国立	名古屋大学	1878	名古屋帝国大学	1939
	17	京都府	国立	京都大学	1899	京都帝国大学	1899
	18	〃	公立	京都府立医科大学	1882	京都府立医科大学	1921
	19	大阪府	国立	大阪大学	1880	大阪帝国大学	1931
	20	〃	私立	大阪医科大学	1927	大阪医科大学	1946
	21	〃	私立	関西医科大学	1928	大阪女子医科大学	1947
	22	岡山県	国立	岡山大学	1880	岡山医科大学	1922
	23	福岡県	国立	九州大学	1903	九州帝国大学	1911
	24	〃	私立	久留米大学	1928	久留米医科大学	1946
	25	長崎県	国立	長崎大学	1878	長崎医科大学	1923
	26	熊本県	国立	熊本大学	1878	熊本医科大学	1922
II期	27	北海道	公立	札幌医科大学	1945	北海道立女子医学専門学校	
	28	青森県	国立	弘前大学	1944	弘前医科大学	1948
	29	福島県	公立	福島県立医科大学	1944	福島県立医科大学予科	
	30	群馬県	国立	群馬大学	1943	前橋医科大学	1948
	31	東京都	国立	東京医科歯科大学	1944	東京医科歯科大学	1946
	32	〃	私立	順天堂大学	1943	順天堂医科大学	1946
	33	神奈川県	公立	横浜市立大学	1944	横浜医科大学	1947
	34	長野県	国立	信州大学	1944	松本医科大学	1948
	35	岐阜県	国立	岐阜大学	1944	岐阜県立医科大学	1947
	36	愛知県	公立	名古屋市立大学	1943	名古屋女子医科大学	1947
	37	三重県	国立	三重大学	1943	三重県立医科大学	1947
	38	大阪府	公立	大阪市立大学	1944	大阪市立医科大学	1948
	39	兵庫県	国立	神戸大学	1944	兵庫県立医科大学	1946
	40	奈良県	公立	奈良県立医科大学	1945	奈良県立医科大学	1948
	41	和歌山県	公立	和歌山県立医科大学	1945	和歌山県立医科大学	1948
	42	鳥取県	国立	鳥取大学	1945	米子医科大学	1948
	43	広島県	国立	広島大学	1945	広島県立医科大学	1947

(表2-1)

設置時期		都道府県	国公私立別	大学名	創立年*	新学制移行直前の名称（1949年）	旧制大学設立年
Ⅱ期	44	山口県	国立	山口大学	1944	山口県立医科大学	1948
	45	徳島県	国立	徳島大学	1943	徳島医科大学	1948
	46	鹿児島県	国立	鹿児島大学	1942	県立鹿児島医科大学	1947
Ⅲ期	47	北海道	国立	旭川医科大学	1973	―	
	48	秋田県	国立	秋田大学	1970	―	
	49	山形県	国立	山形大学	1973	―	
	50	茨城県	国立	筑波大学	1973	―	
	51	栃木県	私立	自治医科大学	1972	―	
	52	〃	私立	獨協医科大学	1973	―	
	53	埼玉県	私立	埼玉医科大学	1972	―	
	54	東京都	私立	杏林大学	1970	―	
	55	〃	私立	帝京大学	1971	―	
	56	神奈川県	私立	北里大学	1970	―	
	57	〃	私立	聖マリアンナ医科大学	1971	―	
	58	〃	私立	東海大学	1974	―	
	59	富山県	国立	富山大学	1975	―	
	60	石川県	私立	金沢医科大学	1972	―	
	61	福井県	国立	福井大学	1980	―	
	62	山梨県	国立	山梨大学	1980	―	
	63	静岡県	国立	浜松医科大学	1974	―	
	64	愛知県	私立	愛知医科大学	1972	―	
	65	〃	私立	藤田保健衛生大学	1972	―	
	66	滋賀県	国立	滋賀医科大学	1974	―	
	67	大阪府	私立	近畿大学	1974	―	
	68	兵庫県	公立	兵庫医科大学	1972	―	
	69	島根県	国立	島根大学	1975	―	
	70	岡山県	私立	川崎医科大学	1970	―	
	71	香川県	国立	香川大学	1980	―	
	72	愛媛県	国立	愛媛大学	1973	―	
	73	高知県	国立	高知大学	1978	―	
	74	福岡県	私立	産業医科大学	1978	―	
	75	〃	私立	福岡大学	1972	―	
	76	佐賀県	国立	佐賀大学	1978	―	
	77	大分県	国立	大分大学	1978	―	
	78	宮崎県	国立	宮崎大学	1974	―	
	79	沖縄県	国立	琉球大学	1981	―	
	80	埼玉県	省庁大学校	防衛医科大学校	1974	―	
	81	宮城県	私立	東北医科薬科大学	2016	21世紀新設	
	82	千葉県	私立	国際医療福祉大学	2017	21世紀新設	

注）*創立年には前身も含める．明治から継続しているものの最初．
出所）各医学部ウェブサイト及び森・後藤（2012）より作成．

で全く医大が存在しなかった県を北からみると，秋田県，山形県，茨城県，栃木県，埼玉県，富山県，福井県，山梨県，静岡県，滋賀県，島根県，香川県，愛媛県，高知県，佐賀県，大分県，宮崎県の17県である（沖縄県もこのとき医大は存在していないが，返還される前なので，カウントしていない）．これらの県に医師養成のための医大を設置することは，国の悲願であった．これらの県は第III期になって初めて医学部が設置されたわけであるが，その大半が国立である．ここでも国の財政出動が，医療というインフラを建設するために必要不可欠であることがわかる．つまり，国の財政力をもってしなければ，民間の力だけでは医療の供給体制の地域格差解消は難しいのである．

日本の医学部設置の歴史を俯瞰すると，1920年代以降に，日本各地に近代医学に基づく医療を提供する病院・診療所が開設されるようになったわけである．猪飼周平の『病院の世紀の理論』（2010年）によれば，近代日本は都市部の下層の人々も，農村部の僻地に住む人々も，あまねく医療を受けられるという「医療の社会化」運動を進めていった．急性期疾患への対応として，この時期に日本だけでなく，どの先進諸国も病院・診療所を開設していったのである．

ただ，日本の医療制度の特徴は開業医制度によるものであった．開業医はどの地域で開業してもいいことから，地域偏在をもたらした．医療の地域偏在を解消していくことも重要な政策課題であった．今では，どの地域に住んでいてもある一定水準以上の医療を受けられるが，それは長い時間をかけ，築きあげてきたものである．1920年代〜30年代の日本の医師の分布をみると，医師総数は1920年代から着実に増加しているにもかかわらず（49,962人（1928年），51,064人（1932年），60,343人（1936年）），医師は農村部を離れ都市部に住むようになり，無医村の数（1,960（1923年），3,231（1930年），3,655（1939年））は増加している（内務省「衛生局年報」）．

現在では，日本の医療は「どこに住んでいても受けられるアクセスのよさ」が，世界的に評価される特徴の1つであるが，どの地域に住んで

いてもある一定水準以上の医療を受けられるようになったのは，戦後1970年代から一県一医大構想を着実に実現していった結果だと言える．

これにより地域の医療供給体制を各都道府県が医大と連携しながら担うことで，日本の医療が世界的に評価されるようになっていく．ただし，21世紀になっても日本全体の医師数は「西高東低」の傾向があり，日本を東西に分けてみると西日本にやや多く，東日本にやや少ない．

3. 平成の「改革」

3.1 「改革」の序章——平成9年の改革

平成時代になると，バブル経済が崩壊し，1992（平成4）年から1996（平成8）年までGDPの伸びは年1%程度になっていた．昭和の時代，年5%以上の成長を経験してきた団塊の親や団塊の世代の人々にとっては，大きな衝撃であったのは想像に難くない．彼らはこの時期60代後半と40代中盤となっていた．そして，同じ時期に団塊ジュニア世代は20代前半であった．

低迷する経済に対して，団塊の親世代が続々と現役を引退する時代となり，急速な高齢化を迎えていた．このため1995（平成7）年度決算では，6割を超える健康保険組合や市町村の国保は赤字となった．経済低迷が続く中，医療費がこのまま増加し続ければ，財政は破綻しかねないという危機感が高まっていた．いわゆる「財政破綻論」である．そこで，政府は1997（平成9）年に閣議決定で，歳出削減の方向を打ち出す．同年4月には，橋本龍太郎内閣が消費税を3%から5%に引き上げ，構造改革の名のもと緊縮財政政策を推し進めていく．健康保険組合の本人負担は2割負担となり，医療費の伸びを大幅に引き下げた．1994（平成6）年度から1996（平成8）年度まで医療費の対前年度の伸びは5%前後であったものが，1997（平成9）年度は1.6%，1998（平成10）年度は

2.3％に低下している．しかし，大幅な患者自己負担の引き上げは，受診抑制の問題を引き起こし，国民の不満は高まる．1998（平成10）年の参議院選挙で自民党は大敗し，橋本首相は退陣に追い込まれる．1999（平成11）年度に，国が公費によって高齢者の薬剤負担の一部を免除することになる．

　平成の時代は高まる財政破綻の懸念から，医療のみならず，国の人的物的インフラ全般を削減していった時代と言えるだろう．これは戦後から1970年代まで，団塊の親世代が中心となって日本のインフラを整備拡充していったのとは対照的である．

3.2　日本の医療を「改革」

　日本の医療の水準は，世界的に見てどの水準なのだろうか．医療は，橋や道路などの公的インフラや教育などと同様に社会的共通資本である．だれもが，地域・職種を超えて，公平により良い医療を受けられることが大切である．幸運なことに，日本は国民皆保険制度があり，低額で自由に医療機関を選択することができる．

　表2-2は，2000年時点での日本とドイツとアメリカの医療に対する評価を示したものである．日本の医療の特徴は，それほど費用をかけていない（医療費の対GDPが低い）のに，だれもが公平に医療にアクセスでき（公平性が高い），総合的な医療のパフォーマンスは高いことである．逆にアメリカの場合は，かなりの費用をかけている（医療費の対GDPが高い）にもかかわらず，医療へのアクセスは偏っており（公平性が低い），総合的な医療のパフォーマンスは低い．このデータは2000年時点でのものであるが，平成の時代に入り，医療の分野もさらなる効率化を要求されるようになった．そして，21世紀に入り，国民の熱狂的な支持のもと「改革」を断行する総理が登場する．小泉純一郎総理である．

　まず，対象となったのが，赤字体質の公的病院である．図2-2は公

表2-2 日独米の医療ランキング（2000年）

	WHO		OECD
	健康達成度の総合評価	公平性	医療費（対GDP）
日本	1位	3位	18位
ドイツ	14位	20位	3位
アメリカ	15位	32位	1位

出所）WHO「World Health Report」（2000），OECD「Health Data 2000」より．

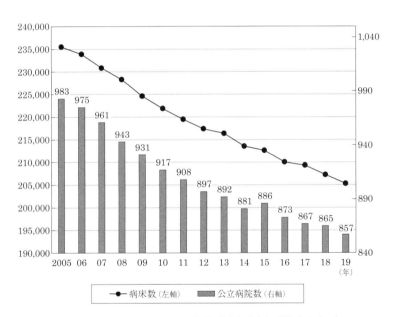

図2-2 公立病院数と病床数の推移（地方独立行政法人を含む）

出所）総務省自治財政局資料「地方公営企業決算状況調査」より．

立病院数と病床数の推移をまとめたものである．平成になってから，政府は公立病院の経営効率化をはかり，統合・再編をすすめていった．これによって，患者数が少ない公立病院の再編が続き，病床数は大幅に削られていった（「公立病院ガイドライン」2007年，「新たな公立病院改革ガイドライン」2015年）．

そもそも公立病院については，地方の医療を担うという意義がある．医療供給について，地方と都市との地域間格差はどの先進諸国にもある．地方の公立病院が存続している意義は，地域の若者の雇用の受け皿という点にも見出せる．地方の公立病院の支出の6～7割は人件費であるわけだが，患者が少ないので効率性が悪いという理由だけで切り捨てるのは，地域の雇用を切り捨てることに直結する．その意味で，公立病院の一般会計への繰入金として，公的資金が投入されているのは合理性があると言える．

緊急の場合に備えて，消防，防災，医療，警察など公的部門は余裕を持たせるのが当然である．それにもかかわらず，本来緊急時に備えて余裕をもたせるはずの公的医療部門にも効率性を追求したのが，平成という時代であった．そのつけは令和の時代になって回ってくることになった．公立病院の統廃合をすすめて人員を削減した都道府県は，新型コロナの感染拡大によって病床不足がひっ迫し，多数の死者を出す結果となった（実数および人口当たりでみても1位は大阪府であった）．

3.3 「改革」の熱狂――平成18年の改革

2006（平成18）年には，医療供給体制にも及ぶ大きな改革が行われた．時の総理は，小泉氏である．小泉氏は1942年生まれだが，団塊の世代を1947～49年の前後5年まで範囲を広げると，この世代に入る．また，竹中平蔵氏（1951年生まれ）も同世代として入る．この2人が中心となって，のちに「小泉・竹中路線」と言われる平成の改革を進めていった．

医療保険制度については，主に3つの点で改革の議論が行われた．第

一に，医療費の伸び率管理．第二に，療養病床数の再編成．第三に，混合診療の解禁である．順に，改革の議論を見ていこう．

(1) 医療費の伸び率管理

　最初に，医療費の伸び率管理についてである．改革を断行するのに，主役を担ったのが「経済財政諮問会議」である．この会議は橋本内閣の時に内閣府に設置されたものであったが，実際に力を発揮したのは小泉政権の下であった．経済関係の主要閣僚以外に民間議員4名が構成員で，改革の方向性を打ち出していった．

　平成17年に主要な課題として経済財政諮問会議が取り上げたのが，社会保障給付費であった．同年2月に民間4議員は「「名目GDPの伸び率」を社会保障給付費の伸び率を管理する指標とする」という提案を行った（経済財政諮問会議説明資料「経済規模に見合った社会保障に向けて」有識者議員提出資料，平成17年第3回会議）．

　つまり，名目GDPの伸び率と同程度に，社会保障給付費の伸び率も抑え込むということである．この時期，日本の名目GDPの伸び率はほぼ0～1%であった．つまり，社会保障給付費をこれ以上伸ばさない，ということを意味する．団塊の親世代が2000年以降，後期高齢者となっている状況で，このような給付費の抑え込みは強引な政策だと言えるだろう．当時の厚生労働省も反発し，尾身茂厚生労働大臣は，次のような主に2つの趣旨の反論を提示した．

(1) 社会保障の規模は，その国の実情に合わせて，必要な給付水準と負担可能な水準などを考慮して決定されるべきである．
(2) GDP伸び率などの一律の枠によってサービスを制限すれば，サービスの質が低下し，国民の健康水準は低下する．

　特に，2点目について，GDP伸び率以下に給付を抑え込むと，①限界を超えた利用者負担を求めることになること，②技術革新が抑えられ

ること，③診療報酬の引き下げを起こし，良質な医療を効率的に提供することができなくなることなどを挙げている．

　ここで社会的背景として，日本の人口動態を考えてみよう．2000年時点で，団塊の親世代はすでに現役を退き，75歳の後期高齢者となっていた．75歳以降は現役時代の数倍の医療費がかかるようになる．一方，日本のGDPの伸びはほぼゼロ％である．団塊の親世代が次々に後期高齢者になる中で，GDP伸び率の枠内で医療費の伸びを抑え込むなどというのは，無理なことである．むしろ，政府が積極財政で医療・介護の分野にお金を注ぎ込むことが必用なのである．

　結局，議論は平行線で終わる．民間議員の提言した「GDP伸び率を指標として，その枠内に医療費の伸びを抑え込む」という案は導入されなかった．この時の厚生労働省は極めてよく頑張ったと言えるだろう．もし，この時にGDP伸び率主義が導入されれば，①限界を超えた利用者負担を国民に求めることになっていたであろう．さらに，②技術革新も抑え込まれて，③良質な医療が効率的に提供されなくもなっていたであろう．

　ただ，最後まで民間議員の提案に反対した厚生労働省も，態度を変化せざるを得なくなっていく．なぜなら，「GDP伸び率」至上主義というのは，財務省の財政均衡主義という意向を反映したものだからである．さらに言えば，当時の小泉政権を支持した思想的支柱である「新自由主義」的発想だからである．2000〜2010年代の日本の国民の中には，「新自由主義」を支持する人たちが大勢いた．その人たちの「改革への熱狂」が，平成の改革を推し進めたとも言える．

　国民の多くが「改革」を支持する中，厚生労働省は「改革は必要ない」という態度はとれなかった．そのため，厚生労働省は「社会保障給付費の適正化は必要」という方針を打ち出す．社会保障給付費のうち，適正化する項目が次々と挙げられていった．すでに平成16（2004）年改正で，年金については寿命の延びや現役世代の人口減少というマクロ指標の動向に応じて減額を行うという「マクロ経済スライド」が導入さ

れていた．その上に，次のような改定をした．

　第一に，高齢者の患者負担の引き上げである．それまでは，70歳以上の高齢者は2割負担（ただし，現役並みの所得者は3割）であったのを，3割負担とした．また，入院している高齢者の食費・居住費の自己負担も引き上げた．さらに，高額療養費の自己負担の限度額も引き上げた．どれも平成18年10月より実施された．さらには，平成18年度診療報酬改定では，改定率が史上最大幅のマイナス3.16%の改定となった．医療関係者にとっては衝撃的なことであった．

(2) 療養病床数の再編成

　次に，療養病床数の再編成についてである．療養病床数の再編成は，長期入院対策のうちの医療費削減の面で，厚生労働省が最も効果を期待したものであった．平成17年12月に厚生労働省は，療養病床数の再編・削減案を提示する．具体的には，療養病床において，①医療の必要度が高い患者に対して，より高い報酬が支払われるように医療保険の診療保険で対応すること，②介護療養病床は平成24年4月に廃止すること，それとともに，老人保健施設やケアハウスの増築をすすめることである．これにより，医療療養病床は平成18年度の25万床から平成24年度には15万床に削減されることが予想された．さらに，療養病床にいたっては，平成18年度の13万床から平成24年度にはゼロに削減されるとされた．極めて大胆な削減内容である．

(3) 混合診療の解禁

　次に，混合診療解禁の問題についてである．この問題は「規制改革」を断行する問題として，「規制改革・民間開放推進会議」が主役を担った．この会議は平成16（2004）年に小泉政権の下で設置された．13名の民間議員が構成員で，改革の方向性を打ち出していったが，当面の重要課題の一つが混合診療の解禁であった．混合診療というのは，保険適用の診療と保険外診療の混合のことである．医師が医療保険で認められ

ている治療と，保険適用が認められていない治療を併用して治療を行う場合，保険が認められていない治療も認められている治療も，どちらも全額患者の自己負担となる．

　民間議員たちの主張は，保険適用の診療と保険適用外診療の組み合わせを無制限に認めるようにすることであった．これに対して，当時の厚生労働省は「無制限に認めることは，不当な患者負担の増大を招くことや，安全性が確保できないおそれがある」と反論する．

　そもそも，医療には情報の非対称性の問題がある．医療は専門性が高い分野なので，医師は患者に比べ圧倒的に情報量が多い．患者と医師だけに任せると，医師と医療機関に有利な診療が高額で提供されることが十分考えられる．また，お金をもっている高所得者だけが最先端の高度医療を享受できて，お金に余裕のない患者は，本当は医療の必要性が高くても受けられないという医療格差を生みかねない．

　結局，厚生労働省の意見がほぼ通ることになる．平成16年12月に，尾身厚生労働大臣と村上誠一郎規制改革担当大臣との間で，混合診療に関して基本合意が成立する．混合診療の解禁については，無制限に認めるのではなく，個別に対応していくこととなった．

　規制改革とは，いわば医療の分野に市場の原理を導入しようとするものである．しかしながら，医療サービスの取り引きに自由市場は適していない．その主たる理由は5つ挙げられよう．

　第一に，情報の非対称性の問題である．これはすでに述べたが，患者と医師との間には圧倒的な情報量の差が存在する．診察や治療方法で，どんな医療行為が安全性や価格の面で最も適切なものかは，患者にはあまりわからない．患者には，個々の医療行為に価値があるのか自分で判断するのは困難な場合が多い．医療はあまりに複雑で専門性が高いので，国が介入して，価格設定や安全性の確保に努めなければならない分野であり，市場化に向いていない．

　第二に，競争市場の不完全性の問題がある．医療とは，そもそもローカルな産業である．都市部であれば，同じ診療科のクリニックや病院が

いくつもあるかもしれないが，地方ではそもそも診療所は1つくらいしかないということが普通である．一県一医大構想が，どれほどすごいものであるかという点でも述べたが，そもそも1つも医大がない県がいくつもあるような状態であったわけであり，病院間での競争原理などは働かない．つまり，自由市場はうまく機能しない領域と考えなければならない．規制緩和は，コンビニのようにいくつもサービスの提供者が存在するという前提のもとではじめて成り立つものなのである．

　第三に，医療の緊急性と予測不可能性から生じる問題である．そもそも，救急患者が自分への医療行為に対して冷静に価格交渉を行って，そのうえで医療サービスを受けるということはあり得ないことだろう．多くの病気は，予測不可能であり，緊急性が高いものである．病院が医療費を吊り上げたとしても，患者はそれに対抗できない．それゆえ，医療の分野は規制をしなければならないと言えるであろう．

　第四に，正の外部性がある．一般的に，医療には，正の外部性があると言われる．戦前の日本では感染症で亡くなった人々が多くいた．もし，医療行為が提供されていれば，病気の人が他の人に移してしまうリスクを下げることができる．自由市場にまかせると，外部性のあるサービスは過少にしか提供されず，うまく機能しないということがわかっている．

　第五に，医療保険の歪みの問題がある．現在は，ほぼ国民皆保険であり，3割の負担で済む．しかし，これが全額負担であれば，当然ながら医療サービスを受ける人は少なくなるであろうし，お金持ちは十分な医療を受けるが，そうでない人はほとんど受けないという医療格差の問題も顕在化する．医療保険は，国民の健康を守るという点で重要な制度であり，これを市場化してはならないのである．

3.4　平成の「改革」のお手本

　ここで，平成の改革のお手本となった中曽根内閣の改革について触れておく．1982年に誕生した中曽根政権は，イギリスのサッチャー政権

やアメリカのレーガン政権とともに，新自由主義的思想に基づき，公共部門のスリム化・民営化を進めていった．いわば，平成の時代の改革のお手本になる政策である．当時，22兆円もの赤字をかかえていた日本国有鉄道（国鉄）を分割民営化することに成功し，さらに電電公社と専売公社の民営化も実現した．この中曽根政権の政策は，公共部門の非効率性と民間部門の優位性という認識を広く国民に浸透させた．

しかし，1980年当時の先進諸国はどの国もインフレに直面していた．インフレ対策である規制緩和や民営化，公的部門のスリム化は正しいインフレ対策の政策である．しかしながら，デフレ期にある平成の時代には，デフレ対策を行うべきである．つまり，公的支出を拡大する政策こそが正しい政策と言える．具体的には，公務員の数を増やしたり，公的部門の支出を拡大すべく公共事業費を拡大したり，民間部門の国営・公営化を進めることなどである．公的部門の民営化や公務員の削減・非正規化などは，デフレ期には行ってはならない政策である．それが平成の時代に行われた．その結果，本来なら高校や大学を出た新卒の若者が就くべき職場が破壊されていったのである．

3.5 就職氷河期世代と「改革」

イギリスでは「見捨てられた世代」（ジルテッド・ジェネレーション：jilted generation）と呼ばれる世代がある．政府があたかもその世代を「見捨てた」政策ばかりを実行した時代に，高校あるいは大学を卒業した世代のことである（Howker and Malik 2013）．

日本でいえば，この「見捨てられた世代」は，就職氷河期世代を指すと言える．就職氷河期は，一般的に1993年から2004年という12年間を指すと言われている（Oshio 2020）．この時期の20〜24歳の有効求人倍率は，常に1を下回り続けた．本書では，2010〜2013年が新就職氷河期とも呼ばれていることも考慮して，1993年から2013年までの約20年間を就職氷河期とする．事実，有効求人倍率をみると，リーマン

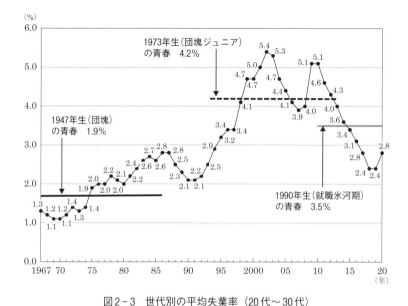

図2-3 世代別の平均失業率（20代〜30代）

出所）総務省「労働力調査」，厚生労働省「職業安定業務統計」より作成．

ショックの影響から2008年から1を下回り，その状況は2013年まで続いたからである（第1章の図1-7「有効求人倍率の推移」を参照）．

ここで，失業率についてまとめたものが，図2-3である．団塊世代の青春期の平均失業率の値は2%を下回っているが，これはほぼ「完全雇用」状態と言ってよい．つまり，団塊の世代は，その青春期では仕事を探せば必ず何かあるという状態だったのである．これに対して，就職氷河期世代の青春期はどうであろうか．

恵まれた団塊世代の青春期とは対照的に，就職氷河期世代のそれは大変厳しいものであった．20代〜30代の平均失業率は，団塊ジュニア（1973年生）世代では4.2%，新就職氷河期（1990年生）世代では3.5%であった．どうして，仕事探しが大変になったのであろうか．就職氷河期が職探しをする平成の時代には，いったいどのような政策が実施されてきたのであろうか．

3.6 平成の「改革」で賃金は下がった

世の中の景気がインフレ期にあるときとデフレ期にあるときでは，異なる対策が必要である．前者のときはインフレ対策が実施され，後者のときはデフレ対策が実施されるべきである．前者の例として有名なのが，1970 年代から 80 年代にかけて先進諸国で実施された政策である．イギリスではマーガレット・サッチャー政権が，アメリカではレーガン政権が実施した政策が有名である．規制緩和，民営化，グローバル化を推進し，肥大化した公共部門をスリム化していった．

日本の政策担当者たちの頭の中には，イギリスのサッチャーとアメリカのレーガンの政策が，称賛された政策としてあまりにも鮮烈に刻み付けられていたために，本来はインフレ対策として実施すべき政策が，デフレ期の平成の時代に実施された．デフレ期にある平成の時代，本来はデフレ対策の政策を実施すべきなのである．デフレ期にある平成の時代に規制緩和，民営化，グローバル化を進めて公共部門をスリム化した結果，一般の人々の賃金は坂道をころがるように低下していった．平成の時代の日本の実質賃金についてまとめたものが，図 2-4 である．

1996 年に発足した橋本政権は，「構造改革」という名のもと小さな政府を目指して，緊縮財政の政策を実施した．消費税は 3％ から 5％（1997 年 4 月）に引き上げられ，公務員の数は削られ，公共事業は削減された．2001 年に発足した小泉政権でも，この政策をさらに徹底し，「聖域なき構造改革」の名のもと，緊縮財政を推し進めた．規制緩和で民間の競争を激化し，「民間でできることは民間で」という合言葉のもと，公的部門を民営化していった．郵政民営化はその典型的な例である．この間，実質賃金は，急激に低下していったのが見てとれる．ただし，橋本政権のあとの小渕恵三政権だけは「積極財政」を進めて，デフレ対策をした．そのために実質賃金がこの間は上昇した．

ただし，小泉政権に続く政権では「改革」の御旗はおろされることな

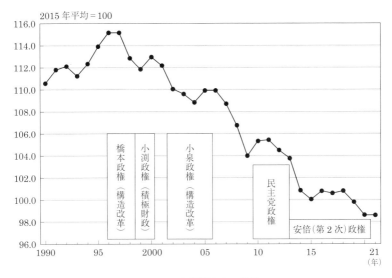

図 2-4　実質賃金率の推移

注）橋本政権：1996.1.11～1998.7.30．小渕政権：1998.7.30～2000.4.5．
　　小泉政権：2001.4.26～2006.9.26．安倍（第1次）・福田・麻生政権：2006.9.26～2009.9.16．
　　民主党政権：2009.9.16～2012.12.26．安倍（第2次）政権：2012.12.26～2020.9.16．
出所）厚生労働省「毎月賃金統計」より作成．

く，民間の中での競争が推進され，政府はできるだけ市場に関わることをしない「小さな政府」が志向された．その結果，公的部門は縮小・削減され，民営化が進められた．結果として，多くの職場は「改革」によってつぶされていった．イギリスでは，大規模な社会調査が行われ，不況期に政府による引き締め政策が行われた時，若年労働者であった世代がどれほどメンタルヘルスに影響を受けたかを分析した研究がある（Thomson and Katikireddi 2018）．日本では，平成の時代に就職の時期にいた世代が，これにあたるであろう．

3.7　平成の改革とは何だったのか

　ここまで，平成の改革によって，医療・介護の分野だけでなく，公的

部門の職場がいかに破壊されてきたかをみてきた．就職氷河期を経験した若者は，まさに社会に出るときに深刻な就職問題に直面した．彼らの親にあたる団塊の世代と比較すると，労働環境は大きく異なる．人は学業を終えて社会に出たときの初職が非正規雇用だと，正規雇用の場合に比べて，その後の人生の長きにわたり社会経済的状況が不利になりやすく，長期にわたって健康問題を引き起こすことがすでに明らかにされている (Oshio 2020)．これは就職氷河期の世代が，人生の長きにわたり経済的に不利な状況になっていることと，メンタルヘルス面でも問題を起こしていることを裏付けている．先行研究では，メンタルヘルスの問題が発生しやすいグループとして，初職が非正規である人たちをターゲットとして政策介入の必要性を説いている．ある意味，正論であると言えよう．しかしながら，もっとマクロ的な視点で考えれば，そもそも非正規で雇用できる職種を広範囲に可能にした政府の政策に問題があると言わざるを得ない．平成の30年間で，全労働者のうちに占める非正規の割合は倍になった．平成元年の非正規割合は約20%だったのが，平成31年には約40%と，雇用者の5人に2人が非正規雇用者となったのである．正規雇用の非正規化を後押しした中核的な法律が，2004年の「改正労働者派遣法」であることは間違いないであろう．この法律によって，それまで非正規雇用が禁止されていた製造業の部門も，非正規雇用を可能にしたのである．そして，非正規化の流れはあらゆる公的部門にも広がっていった．

3.8 官邸主導の弊害

小泉内閣で導入された政治システムとして「官邸主導」体制がある．これですべての官僚が官邸の意向を忖度するようになった．当然，官邸が正しいことを行う場合はよいが，必ずしもそうではない場合がある．この政治体制は，国家の利益，あるいは国民の利益と幸福を追求する国家公務員が，自分の理想や職責を全うできないことに辟易して，もはや

表2-3 東京大学「国家公務員合格者数」推移

年	人数	年	人数
2013	454	2019	307
2014	438	2020	249
2015	459	2021	256
2016	433	2022	217
2017	372	2023	193
2018	329		

出所) 人事院.

公務員を目指さなくなるシステムを作ってしまったと言えるのではないか．小泉政権の時には，医療の市場化を厚生労働省の役人がよく抵抗して防いだことを述べた．しかし，今後は本当に国民国家のために働く優秀な人材が公務員として集まるかどうかは疑問である．小泉政権によるこの官邸主導体制が導入されてから，はや20年の歳月が流れ，東京大学卒業者の国家公務員合格者数は半減することとなった．これは偶然ではないだろう（表2-3）．

4. 競争と平等

4.1 競争願望社会から平等願望社会へ

ここでは，「競争主義と平等主義」に関するアンケート調査の結果を紹介する．最初に，我々の行ったアンケート調査結果をまとめたものが，図2-5である．この図では，仕事が非正規の人と回答者全員の結果を比較している．この図から，主に2つの特徴を読み取ることができる．一つは，年代が上がるにつれて，「競争は好ましい」と回答した人の割合が増えていることである．70代では，およそ半数が競争を好ましいと回答している．60代も4割近くが「競争は好ましい」と回答している．これに対して，若い人は競争が好ましいと回答した割合は少ない．つま

58 第Ⅰ部 団塊ジュニア世代の苦境

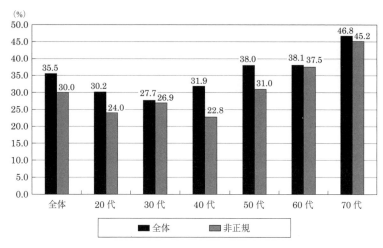

図2-5 「競争は好ましい」と回答した割合

出所) 独自アンケート調査 (2021年) 結果より.

り，働き盛りの若者ほど競争主義に好意的ではない．もう一つ読み取れるのが，非正規の職にある人は，どの世代でも回答者全体に比べると競争主義に好意的な割合が少ないということである．20代から40代の非正規の職にある人は，彼らの23～27%の人しか「競争は好ましい」と答えていない．

平成の時代に行われたさまざまな規制改革は，いわば競争主義に基づく政策である．民間同士で競争させ，政府はできるだけ介入しないで「小さな政府」を志向するということである．こうした改革が行われた時代に就職した世代と，すでに社会で一定の職に就いていた世代とでは，競争や平等に対する考え方も異なるであろう．また，非正規の職にある人は不安定な雇用環境にあって，競争主義に好意的でないと考えられる．

次に，「世界価値観調査」の2020年の結果を紹介する．「世界価値観調査」(World Values Survey) は，1981年から行われている調査で，世界の異なる国の人々の社会文化的，道徳的，宗教的，政治的価値観を調査するため，各国の学者によって行われている国際的なプロジェクト

調査である．日本は他の国と比較すると，競争についての考え方で，どの立ち位置になるのかを知ることができる．「競争」についてまとめたものが，図 2 - 6 である．この図を見ると，どの国も過半数の回答者が競争に好意的であることに驚かされる．ただし，この調査では先進諸国ほど「競争は有害である」と考えている割合が，発展途上国に比べると多いことがわかる．「競争」についての日本の立ち位置は，先進諸国の中では中程度となっている．米英などは日本よりも競争に好意的であるが，フランス，スペインなどは日本よりも競争に対して好意的ではない．

次に，図 2 - 7 は収入の格差を平等にすべきか，拡大すべきかを尋ねた結果をまとめたものである．

日本人は先進諸国の中では，「所得平等」志向が強いことがわかる（77 国中 19 位）．ただし，先進諸国は後進国に比べると格差志向であることもわかる．こうした価値観は時代とともに変化する．そこで，日本人だけに限って，所得格差と競争に関する価値観がどのように変化したかを見てみる．

「世界価値観調査」で日本人の「競争」に関する評価の変遷を見ると，1990 年から 2010 年まで，日本社会は競争主義礼賛社会であったことが読み取れる（図 2 - 8）．1990 年代バブル後遺症から抜け出す方法は，もっと競争を促すことしかないという世間の価値観があり，それが時代の風潮だったと言えるだろう．1995 年までのデータでは，「競争が好ましい」としているのは，60% 台であったのが，2000 年以降一気に 10 ポイントも上昇していることがわかる．この頃に登場したのが小泉内閣（2001 〜 2006 年）であり，彼の掲げる「聖域なき構造改革」はマスコミで頻繁に取り上げられた．しかし 2010 年代に入ると，競争主義礼賛にやや陰りが見られるようになった．競争を嫌って，日本人が競争疲れを感じ始めたとも読み取れる．

日本人の「収入格差」に関する評価の変遷を見ると，1990 年から日本社会は格差礼賛社会へ突き進み，2005 年にピークを迎えていたことがわかる（図 2 - 9）．2005 年の調査結果では，日本人の多くは「わから

第Ⅰ部　団塊ジュニア世代の苦境

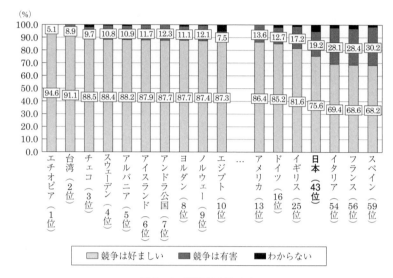

図2-6　競争は有害か？

出所）「世界価値観調査」2020年.

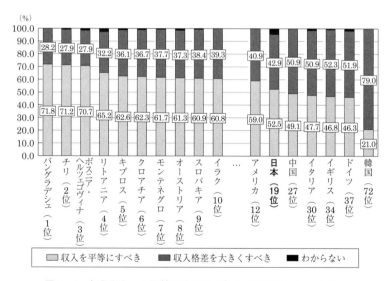

図2-7　収入をもっと平等にすべき／収入の開きを大きくすべき

出所）「世界価値観調査」2020年.

第2章　団塊の世代と平成の「改革」　61

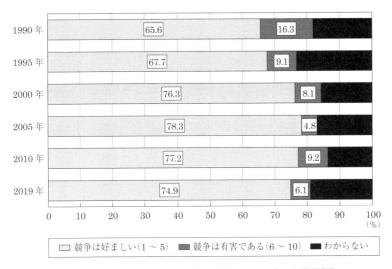

図2-8　競争は好ましい／競争は有害である（10段階評価）

出所）電通総研・同志社大学「世界価値観調査 2019」．

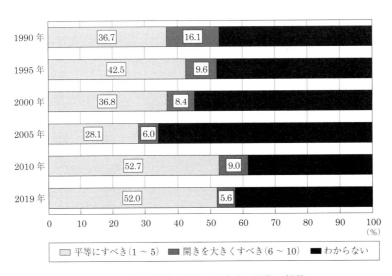

図2-9　収入格差に関する日本人の評価の推移

出所）電通総研・同志社大学「世界価値観調査 2019」．

ない・無回答」とした人が大半だが，5年前に「平等にすべき」だった人が迷うようになって「わからない」になったとも読み取れる．この時期はまさに，小泉政権（2001〜2006年）のもとで「聖域なき構造改革」が行われていた時期である．この時期には，大手銀行の役員の年収は1億円を超え，最も年収の高い役員としてカルロス・ゴーン氏の名が毎年紙面をにぎわすようになっていた．経済的勝者の報酬は，日本人の感覚からするとかなりずれたものになっていたに違いない．こうした風潮をつくったマスコミの影響も大きいであろう．

4.2 過度な競争は「健康」を害する

2010年代後半からの日本人の「競争主義」から「平等主義」への変化の裏には，何があったと考えられるか．その謎を解くには，人間の「幸福感」が重要なキーとなるだろう．

人は，効率的な社会を求めつつも，周りの人と同じような境遇であることを求める傾向にある．そして，もし仮に自分が住んでいる社会がそれほど豊かでなくとも，周りの人と同じような境遇であれば，満足度は高く感じる．逆に，もし仮に自分が住んでいる社会が豊かな社会であっても，周りの人と大きく見劣りするような境遇であれば，満足度は低く感じる（カワチ・ケネディ 2004）．つまり，人間の幸福とは相対的なものなのである．日本人の平等と競争に対する価値観は，2010年代から大きく揺れ動きだした．日本人の平等主義へのノスタルジーの背後には，「一億総中流社会」時代の日本の平等な社会へのあこがれがあったと言える．一部の人だけではなく，みんなが豊かになる社会を目指す時期に来ているのであろう．

しかし何よりも，平成の「改革」が多くの職場を壊したことで，就業期にある若者に与えた影響は計り知れない．15歳から39歳までの日本人の死因1位は「自殺」である．40代でも死因の2位は自殺である（厚生労働省『人口動態統計』2019年）．自殺者は，深刻な心の闇を抱えて

いる人たちの氷山の一角にすぎない．日本財団が 2016 年に行った調査によると，過去 1 年間に自殺未遂を図った日本人の数は 53 万にものぼる（「日本財団自殺意識調査 2016」）．特に 20 代から 30 代の若者に多いのが深刻である（20 代：15〜23 万人，30 代：13〜20 万人，40 代：7〜13 万人，50 代：2〜6 万人，60〜64 歳：2,000〜2 万人，65 歳以上：4,000〜4 万人）．若者を死に追い込む社会は健全な社会であるとは言えないだろう．

5. 団塊の世代の 100 年

　団塊の世代が生まれた頃の人口ピラミッドは，まさに「ピラミッド」の形をしていた．高齢者を支えるだけの若年世代が，次から次へと生まれてくる時代で，団塊の世代はその一番下に位置していた．

　しかし，それから 100 年後の 2050 年時点の人口ピラミッドをみると，ピラミッドが逆転しているような形となっている（図 2-10）．2050 年時点で 50 歳の年齢にいる人を考えれば，いかにびつな状況であるかよくわかる．2050 年時点で 50 歳より下の世代の人数よりも，年齢が上の世代の人の数の方が多いのである．80 歳となる層が団塊ジュニア世代である．これよりも下の層では，塊となる世代がいないのである．つまり，ベビーブームがなく，子供が生まれない時代が延々と続いていることを意味している．平成の時代から続く「改革」によって，結婚・出産をする余裕がない時代が続いたことを反映している．団塊ジュニアの世代が結婚できる 2000〜2010 年が人口増加の最後のチャンスだったのだ．

　団塊の世代は，2 つの熱狂の時代を作った世代であるとも言える．1 つ目は，彼らがまだ大学生の時代の全共闘時代の熱狂である．2 つ目が平成の改革の熱狂である．前者は，権威や保守的な制度への破壊活動に至っている．もちろん，団塊の世代の大学進学率は男性が 2 割程度であ

64　第Ⅰ部　団塊ジュニア世代の苦境

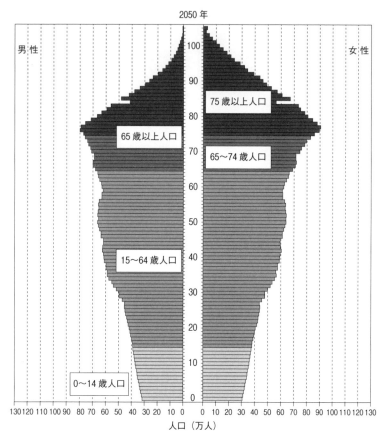

図 2-10　2050 年の人口ピラミッド
出所）国立社会保障・人口問題研究所ウェブサイトより．

り，女性が 1 割程度であった時代なので，この世代の大半は全共闘とは無関係である．しかしながら，時代の熱狂というものは，社会全体に影響を与えていく．百田尚樹氏の著書『日本国紀（下）新版』（2021 年）では，当時の熱狂が次のように紹介されている．

　「昭和 43 ～ 44（1968 ～ 1969）年，全国の大学で起こった学生た

ちの暴力闘争がきっかけでしたが，これは中華人民共和国の文化大革命で暴かれた紅衛兵を真似た全共闘（全学共闘会議）と呼ばれる大学生らの行動でした．この時の学生たちのスローガンは，中国の紅衛兵が掲げた「造反有理」（反抗するのは正しい）であり，学生たちの主張が書かれた立て看板の文字には，中国の簡体字が多く用いられていました．全共闘の大学生らは皆，戦後に GHQ の洗脳を受けたベビーブーム世代，いわゆる「団塊の世代」でした．この大学闘争は昭和 45（1970）年にはいったん沈静化しますが，その後，全共闘から生まれた過激派グループが極左暴力団となり，昭和 40 年代半ばから，様々なテロ活動を行うようになります．」（百田『日本国紀（下）新版』349 頁）．

 2 つ目の熱狂も，実は根底は同じであろう．日本的な制度や体制を破壊し，破壊を遮るものは容赦なく「抵抗勢力」として攻撃した．平成の「改革」は，日本の将来を大きく歪めたのではないだろうか．もし，2000 年から 2010 年の間に「改革」という名の緊縮財政政策ではなく，積極財政を行っていれば，2050 年の人口ピラミッドは異なる形状のものとなっていたであろう．2000 年から 2010 年の当時，団塊ジュニア世代はまだ 20 代後半から 30 代半ばの結婚適齢期にあった．

■コラム2　病院建設の時代

　ここで1920年代当時に舞い戻って，他の国の状況も紹介します（猪飼（2010）を参考）．日本の診療所・病院が各地にできてくるのと同時期に，アメリカやイギリスなど他の先進諸国でも病院が生まれていました．ただし，3つの地域の病院の開設のされ方は，それぞれ異なるものでした．

「所有原理」の日本
　日本の病院・診療所の特徴は「所有原理」です．1920年代までには，日本のすべての医師は病院で勤務する機会を得られるようになっていました．そのため，専門医としての資格を持つ医師となっていました．
　専門医である日本の医師は，自分の家屋敷を診療所として開設するものや，新たに自分の病院を開設するものもでてきました．これらはすべて，病院・診療所を医師自らが「所有する」という原則にたっています．政府も医療を全国にあまねく提供できるように，開業医が十分な収入を得られ経営できるように，診療報酬を経営可能な水準に設定していました．これが今日までに至る日本の骨幹である開業医制度につながります．
　医師個人が病院を開設して経営できるような経済的利益を，政府が積極的に提供した背景としては，病院ストックの圧倒的貧弱さがありました．1920年代当時，日本は欧米諸国に比べて病院・診療所の数は少なかったのです．当時の日本とイギリスを比べると，日本の病床数はイギリスのそれの9分の1でしかなかったと言います（内務省「衛生局年報」）．現在では，日本の病床数は人口当たりでみると，世界でトップです．これは開業医制度を充実することで，時間をかけて積み上げてきた実績の成果と言えるでしょう．

「身分制度原理」のイギリス

イギリスの病院・診療所の特徴は「身分制度原理」です．イギリスの医師は 19 世紀までに主に 2 つのグループに分かれており，それらは臨床能力や専門性ではなく，身分制度によってグループ分けされていました．一つは「顧問医」と呼ばれる特権的な医師階層です．彼らは富裕層を中心に診療を行いました．もう一つは「一般医」であり，一般の庶民を診察しました．

1920 年代の病院の開設時期も，この 2 つの医師によって働く場所ははっきりと区分されていました．一つは富裕層による慈善資金によって開設された篤志病院（voluntary hospital）であり，もう一つは救貧法に基づいて開設されたワークハウス（workhouse）です．顧問医は篤志病院において，無報酬で働きました．篤志病院は，慈善活動を行う場であり，金もうけを行う場ではなかったのです．その代わりに，彼らには篤志病院で名誉医員としての「名誉」を与えられ，その名誉をもとに富裕層からの私費医療で診療費を得ました．篤志病院における医師たちは，医師のヒエラルキーを形成していきましたが，一方で「一般医」たちはこの階層性から排除されていたのです．

一方で「一般医」たちは，ワークハウス（workhouse）で働きました．19 世紀までのイギリスの衛生状態は極めて劣悪なもので，病院であっても伝染病に罹患する可能性は高いので，富裕層は病院に行かずに顧問医を自宅に招いて診察してもらうというのが一般的でした．

20 世紀になって，衛生的な病棟への改善運動や，看護師の専門化，手術や麻酔の際の消毒など，外科手術の近代化が進みました．それに伴って，病院が衛生的な診察の場へと変化していき，富裕層も含んだすべての国民が，病院を最も信用する治療施設として信頼するようになりました．現在のイギリスでは，医師・看護師はすべて公務員です．これは，歴史的に病院とは金もうけをする場ではなく，慈善活動を行う場であるという歴史的な経路依存性によるものなのです．

「開放原理」のアメリカ

　アメリカの病院・診療所の特徴は「開放原理」です．アメリカは，もともとイギリス人の入植者たちによって建国された国なので，医療制度もイギリスに源流があります．しかし，アメリカの場合は顧問医と一般医の区分が欠落していました．イギリスのように，大病院で顧問医だけが特権的な医師階層として診療にあたり，一般医は地元で小さな診療所を開設して一般の庶民を診療するというものではなかったのです．そうではなく，一般医であっても，1920年代にはすでに病院施設の利用を要求することができるようになっていました．病院はどの医師にも「開放」されていたわけです．

　病院へのアクセスが一般医にも開放されたことで，それまで病院にアクセスする権利を独占していたエリート医師層とともに，先進的で専門的な医療も一般医に開放されることとなります．こうして，今日にいたるアメリカの市場原理の医療制度が形成されていきます．

　最後に，世界の先進諸国が，この3原理のどこに属するかを猪飼（2010）では分類しています．1920年当時，病院ストックが少なかった日本，台湾，韓国は「所有原理」に分類されます．「開放原理」に分類されるのは，アメリカだけです．他の欧州諸国（イギリス，ドイツ，フランス，スペイン，イタリアなど）は，すべて「身分制度原理」に分類されます．

■コラム3　公務員——平成の「改革」で奪われた職場

　歴史的に見ると，デフレ不況が長期化すると社会対立が激化し，政治体制を不安定化させる事態となります．1930年代のドイツにおけるナチズムや，イタリアにおけるファシズムがその典型と言えます．国内外でスケープ・ゴート（責任を転嫁するための身代わり）を求め，社会全体で攻撃を始めます．残念なことに，平成の日本で攻撃対象の一つになったのが公務員の人たちです．

　日本の官僚制の組織規模は小さく，電力，航空，鉄鋼，造船などを第二次世界大戦後国有化した他の先進諸国の動きとは対照的に，日本はすでに1990年代までに郵政事業を除く主要な部門の国営企業はすべて民営化していたのです（Hodge 2019）．しかしながら，平成の改革は，容赦なく公務員数を削減していきました．

　これまでの多くの研究では，日本の公務員数の削減に着手した行政改革の開始時点は1980年代とされています．事実，この時点で公務員の数の増加は止まり，減少に転じています（久米 1988）．

　公務員の人数といっても，どの範囲を公務員として定義するかで大きく数値はぶれるでしょう．国際比較するためには，統一的な公務員の定義が不可欠です．OECDや国際労働機関（ILO）によって，統一的な定義に基づく公務員数の統計データの整備が，1990年代に大きく進展しました．前田健太郎氏はこうした国際比較データに基づいて，「日本の公務員数は多いのか」という問いに答えています（前田 2014）．データを比較した結果，前田氏は「国際的にみれば，日本は市民を雇わない国家であるという点において際立った特徴を持っている」と日本の公務員数は他の先進諸国よりも圧倒的に少ないと主張しています．さらに，「我々は，利益の少ない改革に大きなエネルギーを注いできたのではないか」（同上書，2頁）と改革に疑問を呈しています．事実，郵政事業が民営化される前でさえ，公務員の数を国際比較すると，日本の公務員数はダントツに少ないのです（OECD 2009）．一般政府職員（国営企業の職員を除い

たもの）の人数は，日本の労働力人口の5%でしかない．これはOECD加盟国の平均値の3分の1程度です．北欧諸国のノルウェーやスウェーデンでは，この値が約30%もある．フランスでは約20%，アメリカでも約15%です（OECD 2019）．これは戦後多くの日本人がもっていた常識とは大きく異なるものだろうと思います．一般に，日本の官僚制が他の国と比べて強い力をもっているという認識があり，これまで海外の研究者からも精力的に研究されてきました（旧通商産業省の産業政策は Johnson（1982），旧大蔵省の金融規制は Vogel（1996）など）．しかしながら，数の面で見ると，日本の公務員数は極めて少ないのです．これは定義を変えて，独立法人や公益法人など，民間と公共のはざまにあるような領域で職員数を数えてみても，国際比較した時には日本が極めて少ない数しか雇用していないという点では変わりはないのです．

　以上のような現状にもかかわらず，平成の間に公務員数は削減されていきました．図2-Aは，平成の時代の一般国家公務員数の推移をまとめたものです．2005年の衆議院総選挙で，当時の首相である小泉氏は「26万の郵便局職員の公務員的特権の剝奪」を叫んで勝利しました．2000年時点では約80万人いた一般国家公務員の数は，小泉政権中に減少し，政権が終わった2007年には，郵政民営化の実現によって26万人の郵便局職員の数が失われています．そして，その後も改革の名のもと，公務員の数は削減され続け，2010年代終わりには30万人を切っていることが，図2-Aからわかります．

　小泉政権での新自由主義的改革の流れの中で格差は拡大していき，国民の不満は2009年の自民党から民主党への政権交代を実現させました．しかし，続く民主党政権でも，公務員の数は増えることなく横ばいであるのが見て取れます．「官から民へ」というスローガンを掲げていた民主党は，「小さな政府」を志向することから逃れられなかったのです．福祉国家を志向していたはずの民主党政権は，財源がないという理由で，当初公約として掲げていた子供手当て1人5万円を実現することができず，自民党が再び政権の座に返り咲

第2章　団塊の世代と平成の「改革」　71

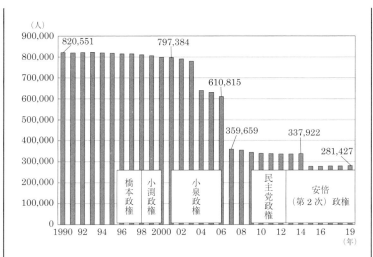

図2-A　一般国家公務員数の推移

出所）人事院「人事院白書」より作成.

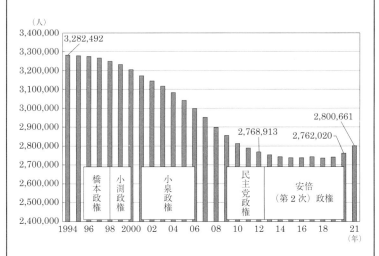

図2-B　地方公共団体職員数の推移

出所）総務省ウェブサイト「地方公務員数の状況」より作成.

きますが，新自由主義的な緊縮財政で引き続き公務員の数は削られ続けていきました．同じことは，全国津々浦々で見られました．地方公務員の人数は，平成の間どんどん減らされていきました（図2-B）．正規の地方公務員は新規雇用を減らされ，代わりに非正規公務員が雇われるようになりました．民間団体の「公務非正規女性全国ネットワーク」の調査によれば，全国の非正規公務員の年収は半数以上が「200万円未満」で，約8割は年収250万円未満なのです（『日本経済新聞』2021年9月20日）．国際的にみて，我が国における公務員の数が相対的に多いのであれば，削減するのには合理性があるでしょう．しかしながら，現実はその逆です．図2-Bをみるとわかる通り，地方公務員の数は，1990年代初めには約330万人であったのが，橋本・小泉政権，そして民主党政権でも削減されていき，ついに277万人までになりました．つまり，もともと少なかった地方の公務員の数は削減に削減を重ねて，およそ50万人も削減されました．

　本来，地方公務員という職は，地方に住む若者にとって重要で安定的な職場であるはずです．大学時代は都市に出ていた若者でも，地方公務員の仕事につく門戸が十分に開かれていれば，自分の生まれ育った郷土に戻ってきて生活していこうと考える人も少なくないはずです．平成の改革は大切な職場を，一つ，また一つと壊していきました．

第II部

日本の社会保障制度の特性

第3章 日本における歴史的展開

はじめに

　人が貧困に陥ったとき，引退して所得がなくなったとき，病気になったときの看護や介護を誰が行うのか，もしそれに費用がかかるならその負担を誰がするのか，といった歴史的な課題とその変遷をこの章で述べてみよう．

　これらの支援を誰が行うのかに関しての有用な概念は，自助，互助，共助，公助であるが，互助と共助はほぼ同義なので，ここでは共助で代表させる．なお，ここでの支援とは，金銭的な支援と物理的な支援（例えば看護や介護）の2つを意味する．

　この3つの言葉を簡単に定義すれば次のようになる．自助とはほとんどを自己か家族で支援することであるが，これには2つのケースが含まれる．第一は，自分一人で自分を支援するのであり，第二は，家族が支援することも含める．共助とは，近所隣りを含めた地域を同一にする人々，あるいは所属する組織（企業や役所，同業者など）を同一にする人々の間での支援を意味する．公助とは，政府や地方公共団体などの公共部門が支援する言葉をさす．

　本章での関心は，ここで述べた自助，共助，公助が日本においてどう歴史的に変遷してきたかを明らかにして，現代の評価と将来の予想を論じるものである．福祉全体に関心を寄せるが，主たる関心は本書の主題である病気や要介護になったときの支援がどうであったかに注目する．

1. 自助，共助，公助の創成期

1.1 明治・大正時代

　この時代には，古くからあった結や講と呼ばれる伝統的な互助の方法が存在していた．結は，田植や稲刈りなどで代表されるように，一時的に多数の労働力が必要なときに，近所の農家が労働力を提供して助け合う制度である．講は，もともとは仏教における支援組織であったが，時代の経過とともに信者やまわりの人がお互いに経済的支援を行うこともあった．当然のことながら，これらの支援は病気の看護や介護といった面でも，お互いの支援がなされることもあった．

　とはいえ，この時代におけるもっとも重要な支援は自助にあり，家族や親族が，年老いた親や家族のメンバーの経済支援や看護や介護の担い手であった．その具体的な手段は，三世代同居で象徴されるように，老親と同居する子ども（息子や娘）の役割であった．もっとも数の多い三世代同居は長男と同居する姿であり，具体的には老親の看護と介護は長男の嫁の担当であった．妻・母親・親の介護という三重苦を背負わされた嫁の苦労は並大抵ではなく，「嫁姑問題」の一つの原因が，この三世代同居にあった．

　これら家族間の支援の姿は，家族メンバー間の愛情に裏付けされた自発的な側面もあったが，半強制的な側面もあったことは無視できない．どういうことかというと，明治政府は戸籍法を制定して，「家制度」あるいは「家父長制度」を日本社会や家族の規範として明文化していた．こういう規範があれば，人々は家族で助け合うという自助を，好むと好まざるとを問わず受け入れざるをえなかったのである．

　もう一つ強調しておきたいことがある．それは日本古来の伝統であった儒教が，かなりの程度人々の精神構造を支配していた事実である．儒

教は親子間，男女間，老若間，上司・部下間，先生・生徒間などにおいて，下にいる者は上の者を尊敬して，その命令に服従するといった主従関係を重視する．これは，お互いに助け合うことを意味するとも解釈できる．こうした宗教上の教えが，家族間支援を促した側面がある．

このような歴史的な状況の下で，明治・大正時代においては，福祉の担い手は家族であるということが，全面的な特色となっていた．そうすると共助や公助の役割は非常に限られたものとなり，貧困や病気で困った人は家族や親族の支援に頼らざるをえなかった．

こうなると家族（特に嫁）の苦労には絶大なものがあったと想像できるが，反面，想像するほど苦痛はそう深刻ではなかったとも解釈できる．その根拠は，第一に，当時の日本人の平均寿命は50歳前後だったので，要看護・要介護の苦痛はそう長期には続かなかった．第二に，家族間の支援が規範になっていたので，義務感がそこにあり，苦痛感も多少は緩和されていたかもしれない．第三に，長男の嫁のみならず，まわりにいる他の親族も含めた大家族制度の下で，ある程度は支援を行っていたのである．

このようにして明治・大正の時代は，経済支援や看護・介護は家族間に委ねられていたが，政府や個人のまわりがまったく何もしなかったかといえばそうではなく，ごく限られた共助と公助もあったので，そのことを述べておこう．

表3-1を見ていただきたい．最初の公助は1874（明治7）年の恤救規則であり，政府による支援制度として古い時代の代表である．明治初期はほとんどの人々が貧困に苦しんでいたのであり，明治新政府はなんらかの取り組みに迫られた．貧困者を経済的に救済する制度は，キリスト教の博愛精神がその出発点であり，中世の時期のイギリスで「救貧法」として世界最初に導入された．これは国家が直接介入するのではなく，教会が中心となって取り組むものであり，「救貧法」は必ずしも国家による法律ではなかった．日本においても，江戸時代にいくつかの藩で救貧対策がなされており，明治政府はこれを引き継いだとみなして

表3-1 日本でのプログラムの導入年

プログラム	導入年
生活保護（恤救制度）	1874（明治 7）年
健康保険	1922（大正 11）年
労働者災害保険	1931（昭和 6）年
老齢年金	1940（昭和 15）年
失業保険	1947（昭和 22）年
家族手当（子ども手当）	1972（昭和 47）年
(参考)	
男子普通選挙	1925（大正 14）年
男女普通選挙	1945（昭和 20）年

よい．

ところで明治時代の恤救制度はまだ貧弱で，受ける人の数，支給額も少なかったし，恤救率は1,000人当たり11.8人という低さであった．貧困に陥ったら家族，親族の支援に頼らざるをえなかったのである．その後徐々に救貧制度は進んだが，1918（大正7）年に小河滋次郎がドイツに学んで方面委員（今の民生委員）を制定して，貧困者の発見活動に従事する人を新しく創設したことにより制度はより充実し，貧困対策は一歩進んだ．

1.2 医療に関する支援

本題の医療に関する支援を述べておこう．この時代においては，病人の看護と治療費や薬品費の負担は，基本的に本人・家族の負担に任されていた．今でいう医療保険（健康保険）は存在していなかった．

しかし，医療費の負担額が多くなるにつれ，日本でも保険制度への関心が高まってきた．興味あることにその気運は政府よりも一部の企業でまず高まっていた．有名なのは，鐘淵紡績（旧カネボウ株式会社）の経営者・武藤山治が，鐘紡社員の労働災害や疾病，退職後の所得保障などへの問題に大きな関心を寄せ，どのような政策を採用すればよいかを考

えるようになっていた．

　武藤は若い頃にドイツに留学した経験があり，クルップ社における企業福祉制度を学び，それを日本企業にも導入できないかを考えていた．鐘紡の経営者になってから，ドイツ流の労災，医療の保険制度を鐘紡に実際に導入したのである．これは共助の精神の出発と考えてよい．このような企業福祉に積極的な経営者は決して多数派ではなかったが，鐘紡のような企業の存在は官庁の人と民間の人々に，企業あるいは進んでは政府で福祉を実践するという価値を認めさせた影響力は大きい．

　企業福祉に刺激されて，国家でもなんらかの医療保険制度を考えてよいのではないか，という気運が高まった．その牽引者が後藤新平である．後藤は若い頃にドイツに留学し，ビスマルク流の社会保険制度を学んだ経験を持つ．

　ビスマルクは企業が労災，医療，年金などの保険を提供して，社員が安心して働けるような政策を期待していたのも事実である．これはビスマルクによる「アメ」と「ムチ」による企業の社会政策である．国家がこの政策の普及に積極的であった．

　話題を日本に戻そう．ごく一部の企業で企業福祉が導入されていたし，官庁においても国家が保険制度を企画・運営すべきとの思想が，後藤新平などによって提唱され，結果として1922（大正11）年の健康保険法が成立したのである．

　これは公助の始まりと理解してよい．公助とはいえ，医療保険料の負担は労働者と企業であり，国家が税金を用いて医療給付をする制度ではなく，国家のやったことは法律をつくって国民と企業に保険制度への参加を促しただけである．

　実はこの健康保険法の成立は，国会では難産の末でのことであった．国会議員も国民も社会保険の意義について，まだ理解が不十分だったことによる．さらに未だに看護と介護，そして医療費の負担は個人と家族の責任にあり，との慣行を信じる人々が多かったのである．

　1922（大正11）年の健康保険法を評価すれば，現代の日本にもつな

がる特色があるので，ここでそれを強調しておこう．それは大企業用の組合健康保険と，中小企業用の現代における協会けんぽの二頭立てが，この保険法で規定されたことである．

なぜ大企業と中小企業で加入する制度が異なるようになったかといえば，両者の間で賃金格差が顕著であったし，企業の保険料支払い能力にも格差があること．さらに両者の間で従業員の離職率に差があることから，保険制度の管理・運営上で異なる方法を採用せねばならないとわかっていたからである．換言すれば，大企業は独自で管理・運営できる能力があるが，中小企業はその能力がないとみなされて，後者の場合にはすべての中小企業を政府がまとめて，一体として管理・運営するのが好ましいとされたのである．

1922（大正11）年以降のこの大企業の組合健保と中小企業の協会けんぽが，100年ほども別立てで運営されてきたことは，驚異であるとさえ言える．日本企業における特色である企業規模間格差の存在が，この二頭立てでの成立の起源であるし，健康保険制度においてもそれが生きてきたのである．

2. 社会保障制度の創成期

2.1 終戦までの昭和時代

まずは医療保険制度から始めよう．1922（大正11）年に日本最初の医療保険制度が導入されたが，制度自体はまだ不十分なものであった．保険加入者は企業で働くブルーカラーが大半で，ごく少数ながらホワイトカラーも加入できたが，全労働者の加入する保険制度とはとても言えなかった．

そこで制度の拡充を図るため，1939（昭和14）年に2つの保険制度が導入された．それは職員（ホワイトカラー）健康保険と船員保険であ

る．すでに 1938（昭和 13）年には旧来の国民健康保険法が改正されて，新しく農民や自営業者も加入できるようになっていた．これら 2 つの事実は，医療保険が国民のほぼ全員の加入する制度になったことを意味するが，実態として加入率はまだ 100% に遠かったし，保険料と給付額もまだ不十分という有様であった．医療保険制度のさらなる発展と充実は，終戦後にようやくみられるようになる．

年金制度についても一言述べておこう．医療保険制度の改定と同じ頃，すなわち 1940（昭和 15）年に新しく労働者年金保険が導入され，老後の所得保障への制度が始まったのである．この公的年金保険制度は，医療保険のように大企業と中・小企業に区別されたものではなく，企業全体をカヴァーしていた特色がある．しかし，導入された頃では，制度自体はまだ不十分であったことは避けられなかった．

医療保険の改訂，年金保険の創設が太平洋戦争開始の直前に実行された意味を強調しておきたい．それは，政府は表向きは国民の福祉向上を願っての制度の変革と導入であると主張したが，実態はもう一つの顔を有していた．

それは，当時の日本は軍事国家であり，アメリカとの戦争をも辞さないという非常時だったことによって，戦費の調達が喫緊の課題であった．国民の多くに医療，年金の社会保険加入を強制して，これら社会保険料の大幅な収入を図ったのである．社会保険制度を戦費調達のための手段として用いたのであり，当時の社会保険制度は暗い歴史を有していた．

現に多額の社会保険料収入は，軍事費として使用されたので，敗戦時には保有保険料総額はゼロに近いほどになっていた．換言すれば，国民は医療給付と年金給付を諦めざるをえなかった．医療保険では保険料拠出と給付がほぼ同時期なので，事態はそう深刻ではなかったが，年金保険では保険料拠出と給付が異なる時期なので，年金証書が戦後の極度の高インフレによって実質価値が大幅に下落し，国民が大きな損失を被ることになったのである．

同様なことが国債についても発生した．国民は戦時中に国債を購入し

たが，敗戦によって国債が紙切れ一枚になったことで損失が発生したことも忘れてはならない．

2.2 戦後の一時期

敗戦後の日本は天皇親政の廃止，軍国主義からの離脱を宣言し，自由主義，民主主義の国家に一変した．1946（昭和21）年には新憲法が公布され，国民の生存権と福祉に寄与する国家（社会保障のこととみなしてよい）の姿が責務として規定されることとなった．

1950（昭和25）年頃に政府の社会保障制度審議会は，新しい勧告を発した．この頃から政府が国民の福祉に貢献する制度を，社会保障制度と称することが一般的となった．言わば公助を社会保障制度として総括して理解するようになったのである．

この社会保障審議会の建議には，外国からの影響があることを無視してはならない．戦後では海外の情報が豊富に流されるようになり，福祉，ないし社会保障の専門家は海外，特にイギリスの「ベヴァリッジ報告」を熱心に勉強するようになっていた．こういう専門家が社会保障に関することを発言するようになり，政府，議員，国民も社会保障制度の充実が必要であるとの認識を抱くようになっていた．

「ベヴァリッジ報告」とは，戦争中のチャーチル内閣の下で1942年に提出された報告書である．ベヴァリッジはイギリスの役人であったが，画期的な報告書を政府に提出したのであり，これは全世界（特に先進国）の社会保障制度の模範になるほどの影響力を持つこととなった．影響を受けたのは日本も例外ではなかった．

「ベヴァリッジ報告」を含めてイギリスの社会保障制度に関しては，第4章で詳細に述べるが，ここでは「ベヴァリッジ報告」のエッセンスだけを簡潔に述べておこう．

第一に，政府には国民の最低所得保障を確保する義務があり，政府は各種の社会保障制度の適用によってそれを達成する必要があるとした．

第二に，医療制度に関しては，「NHS（国民健康サービス）」を創設して，国民全員が最低の医療保障が受けられるようにする．この際に財源の調達を保険料に依存せずに，税収を充てるとした．なお，年金給付は保険料で調達とした．

第三に，これまではほとんどの国で採用されたことのない，子どもへの給付をするのが望ましいとした．子ども手当，ないし児童手当の提唱である．

第四に，戦争前のイギリスは高い失業率で悩んでいたので，失業保険制度の充実を提唱した．

これらの提唱はイギリスが「ゆりかごから墓場まで」と称されるような公助の役割を重視し，福祉国家としてのイギリスの特色を生む出発点となった．

ここで歴史上の皮肉を2つ述べておこう．先ずは「ベヴァリッジ報告」は保守党政権のチャーチル首相に戦時中に提出されたが，制度の導入は戦後の労働党・アトリー政権（在任は1945年7月から1951年10月まで）の下で行われた．

次はロイド・ジョージ首相（在任は「ベヴァリッジ報告」以前の1916年から1922年）の存在である．世界の社会保障の起源はイギリスの「ベヴァリッジ報告」にありとみなされているが，実質上の起源はビスマルクの社会保険にありとした方がよい．ロイド・ジョージは自らプロイセンを訪れて，ビスマルクの制度を徹底的に調査して，イギリスにおける社会保険制度の先鞭をつけた．イギリスよりもドイツが，社会保障では先輩なのである．

話題を日本に戻そう．「ベヴァリッジ報告」の影響を受けて，社会保障審議会はさまざまな制度の導入と改訂を主張したし，かなりのことが政府によって受け入れられ，現に実行に移された．

具体的には，社会保障の体系は社会保険，公的扶助，社会福祉，公衆衛生の4本柱で構成されることとなった．表3-2はこの4本柱には具体的にどういう制度が該当し，かつ何が期待されるかが分かるように記

表 3-2　日本における社会保障の体系

社会保障	制度
(1) 所得保障（生活保障）	年金保険，雇用保険（失業時），労災保険，生活保護など
(2) 医療保障	社会保険方式（医療保険，介護保険），公費医療
(3) 公衆衛生および医療	予防，医療供給一般，生活環境，学校保険など
(4) 社会福祉	障害者福祉，母子福祉，老人福祉など

注）小林による(4)には，介護保険も入っているが，他の項目に入っているのでここでは除外した．
出所）小林 (2015).

した．中には1950年代以降に新設された制度も含まれている（代表例は介護保険）．

　この表の簡単な解説をしておこう．(1)は老後を含めて職がない人の所得保障，(2)は病気や要介護になったときの給付，(3)は国民全員の衛生状態や医療水準の向上を目指したもの，(4)は社会的な弱者の支援を目的としたもの，となる．

　ここで列挙された諸制度の財政運営方式は，生活保護を除いた(1)と公費医療を除いた(2)で代表されるように，財源を社会保険料に求めている．これらの諸制度の規模は社会保障全体に占める比率として圧倒的に高く，日本の社会保障制度の基本は社会保険制度で運営されている，と結論付けてよい．しかし最近になってから，これらの社会保険が主たる方式の制度の中でも，公費投入の比率が高まっていることを記しておこう．代表例は，年金制度における基礎年金部門には，公費が50%投入されていることでわかる．なお，(3)と(4)は，基本的には公費の投入である．

　先程日本の社会保障制度はイギリスの「ベヴァリッジ報告」の影響を受けたと述べたが，諸制度の運営方式はイギリスからも学んだ点はあるが，多くはドイツの社会保険方式を踏襲していると言った方が正しい．換言すれば，社会保障の精神はイギリスから学び，制度の具体的な運営方法はドイツから学んだ，と言えるのではないだろうか．

2.3 福祉元年

福祉元年を議論する前に，1961（昭和36）年に農家や自営業者が年金や医療の保険制度に加入することとなったことを記しておこう．これによって国民の全員が社会保険制度に加入することとなり，日本は国民皆保険・皆年金の制度になったと誇らしく宣言した．しかし実態は，無業者や非正規労働者はまだ制度から外されていたので，真の意味での国民皆保険・皆年金の時代にはなっていなかった．

社会保障審議会が日本の社会保障制度の根幹を作成し終わった頃，すなわち1950年代後半から日本は高度成長期に突入した．人々の所得はこの頃から急上昇を示し，暮らしもそこそこ裕福になってきた．高度成長期は1973（昭和48）年頃のオイルショックを機に，低成長期に入るようになった．この間に社会保障はどう変化したのだろうか．いくつかを述べておこう．

第一に，戦後しばらくの間に日本の社会保障制度はそこそこ発展したが，基本はまだ家族の支援に頼っている状態であった．その例は三世代同居の継続で，子どもが親の社会保険料の負担をすることはなくなったが，老親の看護・介護は子どもの役割であった．

ところで人々の所得も上昇して多少の経済的余裕が高まったにせよ，人々の精神的な側面では個人主義が高まる時代になっていた．単刀直入に言えば，子どもは同居などによって親と一緒に住むのを嫌がるようになったし，多少経済的に豊かになった老親も子どもの世話にはならない方が望ましいと思うようになっていた．こうして三世代同居は減少に向かったし，老親と子どもの間のさまざまな支援も希薄化するようになった．

そこで登場したのが，田中角栄首相（在任期間：1972（昭和47）年7月から1974（昭和49）年12月まで）であった．彼は「日本列島改造論」をぶち上げて，地域間格差の是正を一つの政策目標に掲げた．すなわち所得の低い人の所得を上げることによって，それらの人の経済負担

を緩和する政策を導入しようとした．その一つの手段が社会保障制度の充実案であった．

具体的にどのような政策を実行したのかを述べておこう．第一に，60歳以上の高齢者の医療費を無料にした．以前に東京都の美濃部亮吉知事がこの無料政策を実施していたし，その人気が高かったので同じ策を国でも導入しようとした．この政策は高齢者の所得保障につながるし，何よりも高齢者に安心感を与える効果は絶大であった．

歴史上の皮肉を述べておこう．美濃部知事は左翼，あるいは革新系の政治家であった．革新系の政策を保守系の政治家である田中角栄が全国に導入したのである．田中角栄は革新系の顔を有した説もなくはない．

第二に，医療制度に高額医療費制度を導入して，高額の医療費を支払わねばならない人の負担を和らげた．これは高齢者のみならず，非高齢者の医療費負担を和らげる効果があった．

第三に，年金給付額の決定に物価スライド制度を導入して，高齢者の年金給付額の実質価値の下落を防いだ．この策は高齢者の所得保障に役立つことは明らかである．

これら3つの福祉政策は社会保障制度の充実に必ず貢献するし，高齢者を含めて人々の所得の向上にもなるので，1973（昭和48）年は田中内閣に敬意を払って「福祉元年」と呼ばれる年になったのである．誰が最初に「福祉元年」を言い出したかに関しては，田中角栄説もあって，本人が自己PRのために政治的なキャンペーンを張ったとの説もなくはない．ここではその真偽は問わず，かなり大胆な社会保障制度の改革（もっとも画期的な改革は，美濃部都政に学んだ高齢者の医療費ゼロ政策）が1973（昭和48）年に実行されたことを記憶しておこう．

2.4 最近の話題

本書の前半の主要関心は医療と介護にあるので，ここまではそれらを中心にした話題とそれに関連したことを論じてきた．福祉元年と直接の

関係はないが，社会保障のもう一つの大きな制度である年金について，一言だけ述べておこう．それは1985（昭和60）年の基礎年金制度の導入である．この制度は従来からあった厚生年金，公務員共済，国民年金などの諸制度において，一階部分を創設して基礎年金と称し，すべての高齢者に一定額の年金を給付することを狙った制度である．もとより基礎年金給付額の格差は，保険料拠出額に依存して多少は生じるが，税金投入が給付額になされているので，基礎年金給付額は人によって大きな格差は生じない．

給付額の差は，2階部分の報酬比例部分の財源に用いられる保険料拠出の差によって出現する．多くの保険料を支払った人は多くの年金給付を受けてよい，という原則が生きているのが2階部分なのである．

なお以前では基礎年金給付額の3分の1が税収によって賄われていたが，平成21（2009）年に2分の1に引き上げられた．筆者の一人はこれを100％にして，基礎年金給付は全額税負担にせよと主張しているが，まだ多くの支持は得られていない（具体的には橘木（2005）参照）．

実はこの社会保険料負担か，税負担かという問題は，年金のみならず医療，介護，失業（日本では雇用保険と称される）などでも議論されてよい話題である．社会保障給付の財源を保険料に求めるのか（保険料方式），それとも税金に求めるのか（税方式）は，社会保障の根幹にかかわる課題であるが，本書の主題から離れるので指摘だけに止める．なお筆者の一人は税方式が好みである．関心のある方は橘木（2005, 2018, 2019）を参照されたい．

もう一つの重要な課題は，賦課方式か積立方式かの選択である．日本は人口の年齢構成において深刻な少子高齢化現象にあるし，低成長時代が進行中である．若年と中年の保険料負担で多くの高齢者の年金，医療の給付は困難である．そこでそれを避けるために，積立方式を主張する人が結構多い．この論争は給付の財源を保険料方式で運営すれば発生することであるが，筆者の主張は税方式への移行なので，問題のかなりの部分は消滅する．

第 4 章　国際比較上での日本の位置

はじめに

　前章で日本の医療と社会保障の体制を歴史上の視点から評価したが，本章では視点を海外との比較に移して，日本の姿を国際的な視点から評価する．比較は先進国の日本もメンバー国である OECD 諸国が対象である．

　福祉の提供に関しては，人間の生き方，あるいは哲学や経済学の見方を考察することが必要である．例えば，人々に自立を求めるのか，それとも政府を筆頭にしたまわりの支援が必要なのか，といったことは哲学的な課題であり，医療費や社会保障費の支出が多いと，経済の運営にマイナスになることはないのか，といったことは経済学上の思想でもある．こういった話題に注目する．

1．医療と社会保障の規模

1.1　医療費の国際比較

　表 4-1 は先進国の集まりである OECD 諸国のうち，いくつかの国をピックアップして，保険医療費の対 GDP 比率を示したものである．これはその国がどの程度の保険医療費を支出しているかの目安になる．こ

表 4-1 OECD 諸国における保険医療費の対 GDP 比率（2019 年）

(%)

国名	比率
アメリカ	16.8
ドイツ	11.7
フランス	11.1
日本	11.0
スウェーデン	10.9
カナダ	10.8
イギリス	10.2
デンマーク	10.0
OECD 平均	8.8
韓国	8.2
ハンガリー	6.4
メキシコ	6.4
トルコ	4.3

出所）OECD.

の表からわかる点を箇条書きにしてみよう．

　第一に，最も目立つのはダントツのトップであるアメリカの 16.8% である．アメリカ国民は非常に高い医療費支出をしているように映るが，実態上では注釈が必要である．まずはアメリカの医療治療費と薬品価格はとても高いので，名目上の支出は非常に高くなり，実質評価をすればこれだけ多額の医療を支出していない．もう一つは，所得格差の激しい国だけに，高額所得者は多額の医療支出をしているが，低所得者はそれができずに少額に甘んじており，アメリカの医療格差を象徴している．

　第二に，先進諸国とはいえ域内には高所得国と中所得国が混在しているが，前者の保険医療支出額は後者のそれを 2〜3 倍も上回っている．これは，高所得国ほど医療支出が多く，恵まれた治療を受けることの可能性を示唆している．

　この事実は国内でも該当し，高所得者が低所得者よりも高い水準の医療支援を受けられる可能性を示唆している．わかりやすい言葉で代弁すれば，高所得者の方が低所得者よりも長命である可能性が高い．このことを証明する統計はなかなかないし，あったとしても信頼性は高くない．

人々は直感として所得格差による医療格差（健康格差と称されることもある）の存在を実感しているのではないか．なお次章で健康格差のことを詳しく検討する．

第三に，日本に焦点を合わせよう．日本は 11.0% で OECD 諸国の平均 8.8% よりもかなり高く，ドイツやフランスといった主要国に近い水準である．これは日本人はかなり高い保険医療支出の恩恵の中にいると解釈できる．多少割り引かねばならない要因は，日本は超高齢化社会なので治療を受ける高齢者が多く，医療支出は名目上で高くなる．

第四に，注目は福祉国家のスウェーデンとデンマークである．この両国はそれぞれ 10.9%，10.0% と予想外に高くない．これは名目上の医療費支出を量的に抑制しているが，質の上では良好な医療サービスを提供していると解釈しておこう．

1.2 制度で比較すれば

ここまでは医療費の対 GDP 比率で医療サービスの量的側面から比較したが，今度は質的側面，すなわち制度と運営面からの比較を試みよう．表 4-2 が，主要 5 か国（日米英仏独）の医療保険制度の比較を示したものである．ここにはスウェーデンなどの福祉国家は掲載されていないが，この表の中ではドイツに最も近いと理解してよい．ただし北欧諸国はドイツよりも，例えば医療費は無料という特色があるので，サービスの程度がやや高い．

この表で特筆すべき点を記しておこう．第一に，日本，ドイツ，フランスが社会保険方式を採用していること．これは政府が医療保険制度を管理・運営はするが，実質は企業と国民が保険料の拠出を保険制度に対して行っており，社会保険方式と称される．なお日本は多くをドイツの制度から学んだと理解できるので，社会保険方式の国になるのである．

この 3 か国にも微妙な差がある．日本とフランスは国民の全員が加入する半強制の国であるが，ドイツでは国民に参加の義務は課されていな

表4-2 主要5か国の医療保障の比較（給付内容と自己負担）

	日本	ドイツ	フランス
制度累計型	社会保険方式 ・国民皆保険 ・職域および地域	社会保険方式 ・87％が加入 ・職域および地域	社会保険方式 ・国民皆保険 ・職域
自己負担	3割 義務教育前：2割 70～74歳：2割 75歳以上：1割	外来：なし 入院：1日につき10ユーロ 薬剤：10％定率負担	外来：30％ 入院：20％ 薬剤：35％

	イギリス	アメリカ
制度累計型	税方式による国営の国民保健サービス（NHS） ・全居住者を対象	メディケア，メディケイド ・65歳以上，一定以下の所得の低い人 ・オバマケアーにより，医療保険の加入が義務化されたし，企業が医療保険を提供することが義務化
自己負担	・原則自己負担なし	・入院，外来，薬剤に関しては，日数，自己負担額について細かく定められている

出所）厚生労働省「社会保障制度等の国際比較について」2018年．

い．しかし加入しない人でも，民間の医療保険に加入せねばならない法律上の義務はある．なお日本は表面上は皆保険を誇っているが，前章で述べたように無業者や非正規労働者は排除されており，実質的には皆保険の国とは言い難い．

　第二に，ユニークな国はイギリスである．国民全員が加入する国民健康サービス（NHS）の運営であり，財源の調達負担は保険料ではなく，税収が充てられているのが最大の特色である．これは保険料方式が多くの国で採用されているのと比較するとユニークである．「ベヴァリッジ報告」の精神が生きているのである．このイギリスのユニークな特色は，イギリス連邦の諸国家（カナダ，オーストラリア，ニュージーランドな

どにも）継承されている．なお筆者の一人（橘木）はイギリス型を好ましいと判断していることを再掲しておこう．

第三に，イギリスよりもっとユニークなのはアメリカである．国民は政府の管理・運営する医療保険制度や，NHS のような制度に加入する義務はない．いやむしろ，アメリカにはそういった制度自体が存在しないと言った方がより正確である．当然のことながら介護医療保険制度もない．医療に関しては，国民で責任をもって自己管理せよ，というのが精神である．公共部門の役割・存在意義を評価せず，民間部門による医療保険制度を優先するアメリカの特色ならではである．

しかしアメリカにも留保はある．まずは，メディケアとメディケイドと称される制度を国が運営している．弱い立場にいる高齢者や貧困者のためだけに，政府は国による制度を設けたのである．さすがに自立を尊重するアメリカにおいても，弱者にだけは医療に関しての制度を用意しているのである．

次いでは，オバマ政権のときに，アメリカの医療制度では無保険者（国民の 15％ ほどいたとされる）が存在して，これらの人々は医療診療が受けられず，早死にするという現実があった．オバマ前大統領はそれを是正しようとした「オバマケアー」と称されるもので，国民は民間保険会社の提供する医療保険制度に加入する義務を課した．

アメリカの民間保険会社の提供する保険料は価格が高いので，低所得者はなかなか加入できない．そこでこういう人々への政府補助金が必要となる．民主党はこの補助金を容認するが，共和党は反対しており，いつもこれを巡って政争になっている．

表 4-2 には自己負担がどれだけあるかが書かれているが，国によってさまざまな対応をしているので，詳細をここでは検討しない．ただしイギリスだけは全額負担なしを強調しておこう．これがあるために，イギリスでは過剰診療があるとか，入院・手術に至るまでに長期間待たされるといった批判があることを付記しておこう．

1.3 社会保障全体で評価するとどうか

ここまでは医療費に関して国際比較を試みたが，ここからは社会保障全体に関する比較である．全体と称する限り，医療のみならず年金，失業，生活保護，介護，労働災害，子ども支援などあらゆる分野を網羅した数字に関心を寄せる．本書の主要関心である医療以外のことを含むので，詳細を分析することはしない．ここでの目的は，国がどの程度福祉に関与しているかの事実を知ることにある．

表4-3は，OECD諸国における社会保障給付費が，対GDP比率でどの程度かを示したものである．当然のことながら国がどの程度福祉に関わっているかの一つの指標となる．この表から知ることのできる点をまとめてみよう．

第一に，もっとも比率が高いのは，フランスの32.2%からスウェーデンの26.8%である．デンマーク，スウェーデンは福祉国家として有名なので当然の結果であるが，フランスとドイツにはコメントが必要である．

フランスはラテン語国なので，北欧諸国のような福祉の充実を国是にするものではないが，名にし負う官僚大国なので，国家が国民にさまざまなサービスを提供する慣習がある．このことが社会保障給付の高くなる要因と考えられる．この官僚国家の伝統は皇帝ナポレオンの時代からのものであり，医療のみならず他の分野（例えば教育，文化など）において，行政府が大きな役割を演じている．

ドイツに関しては，宰相ビスマルクの「アメ」と「ムチ」で代表される福祉政策あるいは社会政策の伝統があり，国家が社会保障政策に関与する姿は，北欧諸国ほどではないがそれに近いものがある．隣国のオランダもそうであり，中欧諸国は準福祉国家とみなせるほど社会保障は充実している．

第二に，非福祉国家の典型とみなせるアメリカ，例えば全国民を対象とした医療保険制度は存在しないし，当然のことながら介護保険制度も

表 4-3　OECD 諸国における主な社会保障給付費
（対 GDP 比率）の国際比較（2015 年）

(％)

国名	比率
フランス	32.2
デンマーク	31.6
ドイツ	27.1
スウェーデン	26.8
アメリカ	24.6
イギリス	22.6
日本	22.4
ハンガリー	20.9
OECD 平均	20.4
カナダ	17.6
トルコ	11.6
韓国	11.2
メキシコ	7.7

出所）OECD.

ないのに，数字は結構高い．しかし高齢者と低所得者を対象とした医療保険制度はある．非福祉国家のアメリカが 24.6％ と，意外に高い社会保障給付費を示しているのはなぜだろうか．医療費の国際比較のところで述べたように，医療に関する費用（治療費や薬品費）が格別に高く，一部の人が加入する医療保険支出が高くなることが響いていることと，物価水準の高いアメリカだけに年金給付額も名目上は高く計上されていることになる．

なお余談であるが，アメリカでは Social Security（社会保障）という言葉は主として年金制度だけを意味しており，医療・介護は Social Security の範囲に入らないという特殊な国である．なぜならば，医療・介護は原則として政府の仕事ではなく，ごく一部を除いて民間部門の担当なので，Social（社会的）という言葉が排除されているのである．

第三に，日本について述べておこう．22.4％ という OECD 諸国平均の 20.4％ より少しだけ高い位置にいる．北欧諸国は高福祉・高負担の国と理解されているが，日本は中福祉・中負担の国との理解も可能である．

30 年以上前には日本は低福祉・低負担の国とみなされていたが，徐々に中福祉・中負担の国に向かいつつあることが，この表から読み取れる．一つの理由は，高齢化が進行中の日本なので，高齢者への年金・医療支出が増加していることに求められる．

最後に，隣国で東アジアに属する韓国について一言述べておこう．社会構造，家族形態の似ている韓国は，まだ社会保障制度が発展途上にあることが，11.2% という低い数字でわかる．とはいえ韓国は経済成長が著しく，かつ社会構造も変化中なので，近い将来には日本に近付くものと予想できる．

2. 哲学思想と経済学の貢献

2.1 利己主義と利他主義

哲学や心理学の用語として，利己主義と利他主義というものがある．利己主義は自己中心主義，エゴイズムと称されることがあるし，利他主義は広い意味での博愛主義と称されることがある．前者は，イギリスの哲学者・経済学者のジョン・スチュアート・ミルで提唱され，後者は，フランスの社会学者であるオーギュスト・コントが世に問うた言葉である．

利己主義は，人間の本質的な心理として自己の利益だけを追求するのであり，他人のことや社会に関することには無関心で，自分勝手にふるまうことを容認する．そうすると結果として，自分のことは自分で責任を持てということになるので，人間は自立することが肝心で，他人や社会からの支援を望むべきではない，ということになる．

医療や社会保障との関係に翻訳すれば，病気や要介護になったときの治療費や介護費は自己の責任で負担せよ，ということになる．注意すべきことは，いくら自立とはいえ他人である専門家の医者や介護人の診察

や介護を排除するものではない．費用の負担を自己の蓄積した資金で私的に行うのか（この場合には人々は民間保険会社の医療保険に加入して，保険料を払い込み，病気のときは給付を受けることを排除しない），国家の管理・運営する医療・介護保険に加入してそこから扶養負担を行うのか，の違いである．後者においても，人々は個人として国家に保険料を拠出しているのだから，利己主義ではないかという解釈もありうるが，公共部門である政府が制度運営に関与するかしないのかが，利己主義か利他主義かの違いとも言える．

こう考えてくると，利己主義と利他主義の違いには曖昧な点もある．大まかに言って，頼るのは自分しかない自立主義か，それとも他人や社会の支援を受けるのを排除しないのかの違いと考えてよい．

アメリカは一部を除いて国家の医療保険制度が存在しないので，利己主義志向のある人が多い国であり，ヨーロッパは公的医療保険が存在するので利他主義志向の人が多い，とも理解できる．その中でもイギリスでは税収が国民全員の医療支出を賄っているので，他のヨーロッパ諸国よりも利他主義志向が強いとも解釈できる．

では日本人はどうだろうか．従来は日本人は集団で行動するし，他人への思いやりの強い利他主義の国民性であると信じられてきたが，一部にはそうではなく，かなりの程度利己主義思想の人が多いという主張もされている．代表例として心理学からの高野（2013）を挙げておこう．本書は心理学に特化したものではないので，こういう指摘のあることを述べるだけに止め，これ以上追求しない．

2.2 功利主義と平等主義

次に登場する哲学思想的な考え方は，功利主義と平等主義の対比である．この両者は経済学ともかなり関係があり，人々の厚生（満足度ないし効用と考えてよい）を問題にするときに，各個人をどう評価付けするかに依存するものである．功利主義は各個人を分け隔てなくウエイト付

けするのに対して，平等主義は低所得者や弱者により高いウエイト付けをする考え方である．

功利主義の代表はジェレミー・ベンサムであり，「最大多数の最大幸福」論でよく知られている（Bentham 1789）．一方の平等主義は，20世紀最大の哲学者とも称されるジョン・ロールズによって主張された（Rawls 1971）．その違いは経済学の手法（具体的に社会的総厚生関数）を用いるとわかりやすいので，次の簡単な数式で説明する．

(1) $W = U^1(x_1) + U^2(x_2) + \cdots + U^n(x_n)$
(2) $W = W(a_1 U^1(x_1), a_2 U^2(x_2), \cdots, a_n U^n(x_n))$

この式で(1)式はベンサム型，(2)式はロールズ型とみなしてよい．ここで W は社会の構成員全体の総効用（あるいは総厚生）を表し，$U^i(x_i)$ は個人($=1, \cdots, n$)の効用を表す．通常 x は個人の消費水準で表されるので，人々の効用は各人の消費を説明変数とする関数となる．

$a_i (=1, \cdots, n)$ は，各個人の経済状況（貧困者か裕福者か，あるいは弱者か強者か）のウエイト・ファクターである．(2)式では貧困者や弱者に高いウエイト付けをして，それらの人々を社会はより強く配慮せねばならない，とロールズは主張した．具体的には，ロールズは社会でもっとも恵まれない人のウエイトを最大に，あるいはそれらの人の利益ないし効用を最大にする考え方（格差原理と称された）を提唱した．

一方のベンサムの考え方はそういうウエイト付けをせずに，(1)式で示されるように，すべての人を1.0でウエイト付けした各個人の効用の総和で社会厚生関数を最大にするように考えたのである．

各個人のウエイトを1.0にする思想こそが平等であると考える人もいるだろうし，各個人のおかれた環境によってウエイト付けに差を設ける考え方を平等とみなす人もいるだろう．どちらを平等とみなすかは個人の思想の好みに依存する．

医療や社会保障に関連付ければ，ベンサム型を好む人はアメリカに多

く，逆にロールズ型を好む人は北欧諸国に多いと想定できるのではないか．日本人はどうだろうか．一昔前の日本であれば平等な社会を好む人が多かったので，ロールズ型を支持する人が多かったとみなせるが，時を経て国が豊かになると，貧困者や弱者のことを気にする人は少なくなり，ベンサム型を支持する人が増加したのではないかと判断できる．

その証拠の一つは，過去の日本では所得分配の平等性が高く，貧困者の数も少なかったが，徐々に所得分配の平等性は消滅して「格差社会の国」と呼ばれるようになったし，相対的貧困率も先進国の中ではもっとも高い国の一つになって貧困者は激増した．そして多くの人が，低所得者や貧困者は努力不足による自己責任が主たる要因なので，社会はそういう人に支援の手を差し伸べる必要なし，と考える人が増加したことによってもわかる．

ベンサムの功利主義やロールズの平等論を越えて，そしてそれらの欠点を補う意味で，アマルティア・センのケイパビリティ（潜在能力）アプローチがある（Sen 1985）．なおセンはノーベル経済学賞を受賞した最初のインド人である（1998 年受賞）．

ここでごく簡単にケイパビリティ・アプローチを述べておこう．ベンサムやロールズはいろいろな視点から平等論を展開したが，それを現実の世界で実感するのは各個人である．もし教育水準が低かったり，病弱な人からすると，たとえ政府が種々の政策を権利として与えたとしても，それを実際に活かすのは人の潜在能力の助けがないと，それを観察できないし，享受もできない．

例えば教育水準の低い人だと政府の政策が理解できないかもしれないし，政府の政策に応じようとしないかもしれない．病弱の人やハンディキャップを持つ人からすると，たとえ政府が種々の政策（例えば仕事など）を与えても，実際にその人は動くのが困難なので働くことができないかもしれない．要するに福祉政策に容易に応じることのできない人が，世の中には存在するのである．

この問題を解決する手段は，教育水準の低い人の教育水準を高めるこ

とや，病弱の人の健康水準を上げる政策，そしてハンディキャップの人が働くことができるように，設備を改善して支援することである．最初にこういうことを施さなければならない，というのがセンの主張である．前者であれば，貧困家族に育った子弟が高い教育を受ける機会を与えるために，教育費支出を社会が増加せねばならない．後者であれば，国家が医療費の増加を図るとか，ハンディキャップの人が働くことのできる職場環境を用意する必要があることになる．

こうしてセンのケイパビリティ・アプローチは，人々の潜在能力を高めて，各人の貢献を活かせるような社会にすることがまず肝心であると主張して，大きな影響を与えた．大胆に要約すると，結果の平等（例えば所得分配の平等）策を実行する前に，すべての人が機会の平等を確保できるようにして，それらの人が自由に潜在能力を活かせるようにしたい，というのがセンの思想となろうか．

2.3 社会保障体系の類型

これまで先進諸国の社会保障（特に医療を中心にして）の提供方式を比較してきたが，それを踏まえて，ここで一見して国による差異が簡単にわかるような表を用いて説明したい．それは表4-4による先進国の類型化である．

まず類型は政府や介入の程度に応じて，3つに分類できる．1つは普遍主義として把握でき，サービスの対象は全国民であり，財源を主として税収に求める．ただし北欧の中でもスウェーデンは社会保険の役割が大きく，租税中心の典型としてはデンマークが該当する．イギリスの医療もNHS（国民健康サービス）で象徴されるように，租税による調達である．この類型におけるもう一つの特徴は，平等志向の強いことにある．

2番目は社会保険モデルと称してよく，社会保険方式で制度が運営されるし，企業や職場がその担い手として大きな役割を果たす．すなわち

表 4-4 社会保障体系の類型

モデル	特徴	国家
普遍主義モデル	・租税中心 ・全住民対象 ・平等志向	北欧諸国（スウェーデン，デンマーク） イギリス（市場重視モデルに接近しつつある）
社会保険モデル	・社会保険中心 ・職域がベース ・所得比例的な給付	ドイツ フランス
市場重視モデル	・民間保険中心 ・最低限の国家介入 ・自立自助やボランティア	アメリカ

出所）広井 (1999).

企業と職業別組織が第一線の窓口となるし，保険料の負担も同時に行う．給付額は一定額という平等型ではなく，保険料負担額（すなわち所得額）の大小に依存する．該当国はドイツ，フランス等の大陸ヨーロッパ諸国に多い．

3番目はアメリカに代表されるように，国家は前面に出てこずに，主流は民間保険会社の提供する医療保険に加入するかしないかで決まる．市場主義型モデルと称してもよい．したがって無保険者の出てくる可能性を容認したが，オバマケアーでそれをなくそうと努力はした．意外なことに福祉制度の欠如を補う意味で，ボランティア活動の盛んなアメリカにはもう一つの特色がある．

最後に，日本はどこに属するのであろうか．広井 (1999) も橘木 (2000, 2002) も，日本は社会保険モデルを基本としながらも，普遍主義の顔も有している，ということになろうか．日本では基礎年金給付に 50% の税収が充てられているし，医療・介護給付にもかなりの割合で税収が投入されていることでそれが言える．要約すれば，普遍主義型モデル，社会保険型モデルを基準にしながら，国家の役割がまだそれほど大きくないので，市場重視型モデルとの折衷ということになろうか．

今後の予想を述べてみよう．アメリカのように医療保険制度のない国にせよ，という声はほとんどない．しかし保険制度であっても年金と医

療に関してその規模を小さくせよ，との声は結構強い．企業主負担の社会保険料を小さくしたいのが経営者の希望である．基本はアメリカ流の自立を旨とするからである．政府と国民がそれに共鳴するかどうかが鍵であるが，できるだけ保険料と税の負担を少なくしたい国民の多数の支持が得られそう，と予想できる．

一方で，一部の識者と労働者を中心にして，日本はヨーロッパ流の福祉国家，あるいは表の言葉を用いれば，普遍主義モデルに移行すべしとの声がある．言わば高福祉・高負担の国への移行，税収をもっと福祉に投入せよとの主張であるが，国民の過半数の支持を得るところまでには至っていない．

2.4 経済学から言えること

社会保障制度と国の経済とは密接な関係がある．例えば，社会保障給付のために社会保険料と税の負担が発生するが，これらの負担は家計と企業の経済負担を増やすので，家計消費や労働供給に，さらに企業の設備投資にマイナスの影響を与える．一方で社会保障給付では，例えば年金給付は引退後の所得保障に貢献するし，医療給付は一時的な家計支出を補ってくれるし，病気になっても安心して生活できることを保障する．

こうして社会保障制度はポジティヴな効果とネガティヴな効果の双方が見られるが，経済学はこれらの効果を計測するのが仕事なので，社会保障を経済学的に分析するのは至極当然なことである．

企業の立場から一言述べると，ポジティヴな効果（ないしメリット）はほとんどなく，社会保険料の企業主負担が存在する負担感があり，ネガティヴな効果しかないと企業は判断しても不思議はない．したがって企業の経営者は，できるだけ社会保険料の企業主負担を減少させることを望んでいる．

ではなぜ企業にも保険料負担を課すようになったのだろうか．それは社会保険を創設したドイツのビスマルクの「アメ」と「ムチ」に始まる．

企業で働く労働者は労災，医療や年金に関する社会保険によって安心する生活が送れるのであり，そのメリットは労働者が一生懸命働くことにつながるので，企業もメリットを享受する．これが保険料の企業主負担の存在動機とみなせる．

しかし現今の企業経営者はビスマルクのような発想はせず，単純に保険料負担のネガティヴな効果しか主張しない．企業も社会の重要な構成要因の一つなので，健全な社会の発展に貢献しているとして，幅広い見地から企業主負担の社会保険料を容認してほしいとの説もありうる．ところが現実はそう甘くなく，経営者は保険組織の規模縮小を常に主張している．この主張に対してどう対応するのかは，国民全員の選好によって決めることであろう．

経済学は社会保険に加入している労働者，あるいは国民の行動や経済効果により高い注意を払って分析している．得られた分析結果の要約をしておこう．

第一に，社会保障制度の究極の目的は，労働者あるいは国民に老後所得の確保，病気，要介護になったときの治療費と介護費の確保，失業になったときの所得確保，貧困になったときの所得確保などで示されるように，安心感を与えられることにある．不安に満ちた生活よりも安心感のある生活の方が好ましいのは確実である．さまざまな経済分析は，この安心感の賦与を確認している．さらに安心感があれば，人々は前向きな人生を送ろうと思って，一生懸命に働くというメリットがある．実はこれが社会保障制度の最大のメリットであると考えてよい．これらに関しては，例えば橘木（2000，2002）を参照のこと．

第二に，これに付随するメリットとして，もし社会保障制度がなかったときのことを考えればわかりやすい．年金制度があることによって，国民は現役労働時に強制的に年金保険料を拠出して，引退後の所得保障に備えることが可能となる．もし年金制度がなければ，一部の国民には，現役労働時の所得を全額消費に回す人がいるかもしれない．これらの人は貯蓄ゼロということになる．こういう人に引退後に生活保護支給をす

ることになると，政府支出額が増加することとなり，国民の税負担は増加せざるをえない．これは明らかに非効率であり，政府が年金制度を用意するメリットがある．

　第三に，年金に類似したメリットは，医療・介護，失業などについても成立する．医療を例にすれば，医療保険の存在しない社会であれば，治療費の払えない人が出現したときに，政府はこれらの費用を肩代わりして負担せねばならず，これまた政府支出を増やさねばならない．これも国民の税負担につながる．実は失業や労災に関しても似た問題が発生するので，失業保険や労災保険の存在意義がある．

　以上が種々の社会保障制度のポジティヴな側面（メリット）であるが，経済学は逆にネガティヴな側面（デメリット）をも真面目に分析しているので，それを記述しておこう．

　第一に，社会保障の運営のためには，労働者（あるいは国民）や企業に税や保険料の負担を強いるので，その効果としてネガティヴなことも発生する．国民は働いて所得を稼いでも政府に持って行かれるなら，負担を嫌って労働供給を減少させるかもしれない．企業も設備投資用と考えていた財源を政府に徴収されるなら，設備投資を控えるかもしれない．

　こうした労働者あるいは国民の労働供給への阻害や，企業による設備投資の控えが発生するのは，経済成長にとってマイナスになるのは明らかである．すなわち，社会保障は経済効率の達成において障害となる可能性を示唆している．

　第二に，国民の貯蓄率への影響があることを指摘しておこう．それは年金制度が充実していれば老後所得は確実にあるので，自分で貯蓄して老後所得の備えをしなくてもよいと思う人がいても不思議ではない．医療保険が充実していれば，治療費の心配は無用と感じて貯蓄をしないかもしれない．もし，これらの指摘が正しければ，国民は社会保障に頼り切って貯蓄に励まないかもしれない．

　実はこの問題は現実に発生したのである．社会保障制度が極めて充実しているスウェーデンやデンマークでは，家計貯蓄率が最近にはゼロに

限りなく近い値となることがあった．貯蓄は金融機関を通じて企業の設備投資の財源になるのであるが，スウェーデンでは設備投資用の資本不足が発生したことがあった．これは経済成長にとってマイナスとなりうる．

反対のストーリーが日本で発生したことを付記しておこう．社会保障制度が未発達だった戦後の 10 年，20 年の間，日本人はそれを補うために自分で貯蓄して老後の所得や医療支出に備えようとして，家計貯蓄率は 20 ～ 30% でとても高かった．この高貯蓄が企業の設備投資の財源として用いられ，高度成長の起爆剤となったのである．

このスウェーデンと日本の両極端の例は，社会保障が家計貯蓄率に影響を与えるという証拠となりうる．どちらの国の経験が役立つかは，その国が必要とする経済成長率の高さ，さらに国民性や時代の影響もあるので，一概に決められるものではない．貯蓄率は社会保障の提供の程度に左右される，ということがここで理解できれば十分である．

第三に，経済学が高い関心を持つ話題，すなわちモラルハザードについて述べておこう．社会保障制度が充実すると，人々や企業は制度を悪用するインセンティブに襲われる，というものである．種々のわかりやすい例を挙げて論じておこう．

(1) 医療保険があると，治療費を肩代わりしてくれるので，とても軽い病気であっても病院に行くとか，病院も過剰診療・検査・投薬に走ることがある．これはムダな現象とみなせる．
(2) 失業保険があると，求職活動を真剣に行わずに，失業給付だけで生活しようとする．これは労働供給の阻害要因となる．
(3) 生活保護制度があると，働かなくてもよいと思う人がいて，何のための生活保護かという疑問がある．財政負担が増加して，ムダな政府活動となりうる．

ここで述べた以外にも各種のモラルハザードの例は多くあるが，これ

以上は述べない．課題はこれらネガティヴの効果が現実にあるのか，もしあるとすればその効果はどれほどの効果か，経済学での分析は無数にある．それらの現状と対策を知りたい人は，専門書をひもといてほしい．

第 III 部

セーフティネットの構築と財源

第5章 健康格差

はじめに

　健康格差は医療格差とも称される．一言でまとめれば，人々の健康状態には格差が見られ，長寿の人と早死にする人の存在は健康格差の典型的な例とみなされる．これに加えて，人々が病気にかかる頻度や受ける治療の質が異なることも，健康格差の例に該当する．

　一方で治療，医療を提供する側にも格差は存在する．地域にどれだけの数の医者，病院があるか，そしてその提供の仕方や質に差があるかに注目するのも健康格差である．そして人々が治療に要する費用がどれほどかかるかも，健康格差の一例となる．まとめれば医療の供給側にも格差があるに違いない．

　本章ではこれらの課題に関心を寄せて，日本の医療における格差の実態の解明に努める．人々（あるいは患者）側から見た健康格差に関する統計資料はそこそこ存在するが，医療供給側に関してはそう利用可能なものがないので，限定的なことしか論じえない．したがって，本章では具体的な供給格差には踏み込まず，供給にまつわる一般論に言及する．

1. 人々の間の健康格差

1.1 所得の高低による格差

　もっとも関心の高いテーマは，人々の間で存在する所得格差が健康格差の一大要因になるか，といったことである．直感で考えても，高所得者は病気になったときに良質の治療を受けることが可能だし，低所得者はその可能性が低い．さらに高所得者は病気にならないための予防策（食事や運動）に熱心になりうるが，低所得者は食事にそうお金をかけられないし運動する時間もないので，たしかに格差はありそうだ．これらのことを詳しく検討したい．

　本論に入る前に，日本の所得格差の現状について一言述べておこう．日本は「一億総中流社会」と称されたように，平等社会とみなされて所得格差は小さい国と信じられてきた．しかし1980年あたりから徐々に格差は拡大し，アメリカほどではないが所得格差はかなり大きくなった．現状を一言で述べれば，ものすごく高額の所得・資産を持つ人はそう多くはないが，貧困で苦しむ人の割合は先進国の中でもアメリカ並の高さになっている．したがって，高所得者と低所得者の比較に注目した所得格差の大きさは極端に目立つものではないが，貧困者の多い貧困大国と称してもよい「格差社会」ということになる．

　なぜ貧困大国になったのかを箇条書きにまとめてみよう．①アメリカ流の市場原理主義（貢献度の大小による処遇差を容認）が浸透した．②低所得者救済策の社会保障政策が貧困．③正規労働者と非正規労働者の身分格差の存在．④所得税の累進度の低下と資産課税の累進性が極めて弱い．

　以上の日本における格差社会に関してのより詳しいことは，例えば橘木（1998, 2006）を参照されたい．

表 5-1 アメリカにおける所得階級別に見た平均余命
（具体的には 1940 年生まれで 55 歳まで生きた人に関して）

所得階級	男性	女性
トップ 10%	34.9	35.3
81～90%	33.0	33.4
71～80%	31.4	32.3
61～70%	30.3	31.6
51～60%	29.6	30.9
41～50%	28.9	30.1
31～40%	28.3	28.9
21～30%	27.5	27.5
11～20%	26.4	26.6
ボトム 10%	24.2	25.8

出所）Bosworth（2014）．

1.2 現状はどうか

　ここでは格差社会の典型国であるアメリカ，そして日本に関して，所得格差の存在が人々の寿命にどの程度の影響力があるのかを調べておこう．

　アメリカでは所得の高低によって，個人の平均余命に差があるかということを調査した研究がある．経済学者バリー・ボズワースの研究が，Wall Street Journal で紹介されている（Bosworth 2014）．表 5-1 は 1940 年生まれの人が，55 歳まで生きた後の平均余命を所得階級別に見たものである．

　この表でわかる点は次のように要約できる．第一に，男女ともに所得の高い人の方がそれの低い人よりも，平均余命が長くなる．それはボトム 10% からトップ 10% まで所得階級が 10 分位上がるごとに，単調増加で長くなるので，この性質は明確である．

　第二に，トップ 10% という最高所得階級の人は，ボトム 10% の人よりも男性で 10.7 年，女性で 9.5 年も長く生きるので，その違いはかなりの大きさである．

表 5-2 所得階級別の死亡率
（具体的には 65 歳以上で要介護でない男女 2 万 8 千人の統計）

所得階級（分位）	死亡率
第 V 階級	11.2%
⋮	
第 II 階級	15.3%
第 I 階級	34.6%

出所）『朝日新聞』2008 年 11 月 8 日付.

　第三に，男女差に注目すると，21〜30％階級を除いたすべての所得階級において，女性の方が男性よりも長命である．しかしその差は 1.0 年前後でありそう大きくない．一般に女性の方が男性よりもかなり長命なので，差の小さいのは不思議であるが，その理由は不明である．

　第四に，この表の結論は，所得の高い人ほどかなり長生きするということになるが，これを説明する理由については，後に本章で詳しく検討する．

　次は日本に関してである．2 つの統計ソースを吟味しておきたい．

　一つは，近藤克則による所得階級別の死亡率（近藤 2008），もう一つは豊田哲也による地域別の所得と平均寿命に関する研究（豊田 2011）である．

　まずは近藤の結果を表 5-2 で示そう．最低所得階級（第 I 分位）の死亡率 34.6％ は，最高所得階級（第 V 分位）の死亡率 11.2％ のおよそ 3 倍の高さであり，貧困者は裕福者よりもかなり高い確率で死に至ることがわかる．さらに 2 番目に低い所得階級（第 II 分位）も 15.3％ で，第 I 分位よりはかなり低い死亡率なのでそう深刻ではないが，第 V 分位よりは高い．特に貧困に苦しんでいる人（第 I 分位）は非常に高い死亡率であるということが，この表の教えるところである．

　次は地域別（具体的には都道府県別）の所得格差，そして地域内の所得格差（分散で示される）と平均寿命の相関を調べて，所得格差と平均寿命の関係を明らかにした豊田の研究である．日本では都道府県別の平均寿命，都道府県別の平均所得と同一県内の所得格差の統計は信頼性が

表5-3 世帯所得の地域間格差・地域内格差と平均寿命の相関係数

		1995年	2000年	2005年
所得の中央値と平均寿命の相関	男	0.463**	0.632**	0.633**
	女	-0.300*	-0.073	-0.025
所得の十分位分散係数と平均寿命の相関	男	-0.446**	-0.569**	-0.560**
	女	-0.023	-0.245	-0.239

注) **印は1%, *印は5%で有意.
出所) 豊田 (2011).

高いので，両者の統計を用いる研究が多い．表5-3はその結果である．

表の解釈をしておこう．まず統計の有意性に注目すると，女性の結果はほとんどが非有意であり，男性のそれのみが有意なので，ここでは男性についてのみ解釈する．なぜ男性だけ有意であるかは，男性では人によって寿命の差がかなりあるので，統計を取ると所得格差の影響力が大きくなるからである．

上の段の数字は，都道府県別の所得の中位値とその県の平均寿命の相関係数なので，正の推計値が得られたということは，所得の高い（低い）県の平均寿命は長い（短い）ということを意味している．経済的に豊かな（貧しい）県ほど長生き（早死に）するのである．

一方で下段の数字は，都道府県内の所得の分散と平均寿命の相関係数なので，その値が負であるということは，分散（所得の散らばりの程度）が大きい（小さい）のであれば，平均寿命は短く（長く）なるということを意味している．これは貧富の差が目立つ（目立たない）県では，平均寿命が短く（長く）なることと同義である．

この表で得られる結論は重要である．所得の高い（低い）人の平均寿命は長く（短く），所得のバラツキの大きい（小さい）地域では人の寿命は短く（長く）なる傾向がある，ということを意味している．これらの事実はアメリカで得られた事実（特に所得が高ければ（低ければ）長生きする（早死にする）という事実）と共通なので，人間社会に共通の命題と認識できる．しかし日米では，その特色に微妙な差のあることには留意したい．

1.3 なぜ所得が高い（低い）と長生き（早死に）するのか

この重要な人類の現象を，様々な角度から検討してみよう．大きく分けて，次の3つの理由から説明できる．すなわち（1）受診率（病院で診療を受けるか）の相違と，どれだけの質の治療を受けられるかは，病気を治す確率に影響がある．（2）健康診断を受けるかどうかで，病気の発見率に差が出る．（3）日常生活においてどれだけ病気の発生を予防しているか．

(1) 所得階級別の受診率の差

お金のある人ほど病院に行ける確率が高いことは容易に理解できるし，お金のない人はそれを渋るであろう．この受診率の高低が人の寿命に影響のあることも当然であろう．まずは単純な表から受診率に影響を与える事象を知っておこう．表5-4は受診の抑制をする要因の大小を示したものである．

まずもっとも重要な要因は，診療機関に支払う費用の高さが38.4％ともっとも高くなっている．病院に行くかどうかの選択において，病院に払う自己負担の高さという経済的理由が，高い制約になっているのである．特に低所得者，貧困者にとって深刻な要因であることは容易に想像できる．これは確実にそれらの人の病気を深刻にする．裏を返せば，高所得者はお金の心配がないので，頻繁に病院に行けるし，たとえ高額の治療費であっても支払い可能なので，病気を治せる確率は高まる．

次に重要な要因は「忙しいので病院に行く時間がない」の27.0％である．本章にとって重要な要因は「健康保険に加入していない」の14.2％であり，これはすでに前の章で議論した無保険者の存在と同義であり，正に経済的理由として受診をためらう要因となりうる．

所得が受診機会に大きな影響を与えることがわかったが，これを学問的に厳密に実証した石井加代子による研究があるので，それを紹介して

表5-4 受診抑制の理由（複数回答）

理由	割合
1 健康保険に加入していない	14.2%
2 「自己負担の割合が高い」などの経済的理由	38.4%
3 「医療機関に行くのが困難」という身体的理由	2.8%
4 「医療機関まで遠い」などの通院困難	9.5%
5 「仕事あるいは家庭が忙しい」など時間がない	27.0%
6 その他	10.0%

出所）国立社会保障・人口問題研究所『社会保障実態調査』2009年.

表5-5 医療ニード（推計受診確率）と実際の受診率の差

(%)

	20~39歳			40~59歳			60歳以上		
	実測	推定	差	実測	推定	差	実測	推定	差
最貧層（第Ⅰ分位）	51	59	-9	58	65	-7	66	73	-7
第Ⅱ分位	58	60	-2	61	64	-3	72	73	0
第Ⅲ分位	60	60	0	62	65	-3	72	72	0
第Ⅳ分位	63	59	4	72	65	7	71	73	-2
第Ⅴ分位	65	58	6	70	65	5	80	72	9

出所）石井（2011）.

おこう（石井 2011）．石井は，もし体調不良を感じたときに，その人が受診するかどうかの確率の推定を，その人の特性から行い（推計受診確率と呼ぶ），実際にその人が受診した率との比較を行った．それを所得階級別と年齢別に推計した点に特色があり，結果は表5-5で示される．

この表から得られるメッセージをまとめてみよう．第一に，推計受診確率と実測確率を比較すると，所得階級の差がきわめて大きい．すなわち実測が推定を下まわる（つまり差がマイナス）のは第Ⅰ，第Ⅱという低所得階級に見られる．換言すれば，本来ならば受診すべき人が，所得が低いのが原因で実際には受診していないのである．逆に高所得階級は，推定確率よりも実測確率が高いので，本来は受診する必要がないケースかもしれないが，実際は受診しているということが発生しているかもしれない，と示唆している．

第二に，年齢別に注目すると，どの所得階級においても実測確率は，

60歳以上がそれ以下の年齢の人よりも高く，高齢者が必要に迫られて受診していることを示している．

　第三に，同じく実測確率に注目すると，すべての年齢階級において，所得が高くなるにつれて受診確率が高くなっている．これは我々の主張したい点，すなわち所得が高ければ受診をする確率は高まる，ということを確認できるのである．

　第四に，推定受診確率は所得階級によってさほどの差がないのは不思議であるが，その理由は定かではない．

　次の話題に移ろう．高額所得者は高い医療費を払うことができるので，質の高い治療を受けられるだろうと予想した．しかしその予想に反して，家計調査は2018年度で勤労者世帯における収入5分位で比較した場合，第Ⅰ階級で保健医療費が月額9,090円，第Ⅴ階級で11,762円と格差は認められるが，それほど大きな差ではなかった．したがって，所得階級によって治療の質に差があることは否定できないが，大きく誇張されるべき事実ではない．

　しかし高額の費用のかかる病気については，その事実は存在するであろう．例えば，がん治療に関しては，所得の高低によって死亡率が異なることがわかっている．年収200万円以下の人の死亡率は，年収400万円の人のそれよりも1.96倍も高いとされる（『週刊文春』2011年2月24日号）．所得の低い人は高額医療の受けられない可能性を示唆している．もっと詳しく調べたいテーマであるが，統計資料を見つけるのが困難なので，これ以上言及しない．可能性だけを指摘しておこう．

(2) 所得階級別の健康診断受診率

　健康かどうかを確かめる健康診断に関しては，ずばりその結果を示す表を提示しよう．図5-1は，世帯収入別に健康診断の未受検者の比率を示したものである．年収200万円以下の低所得者，年収600万円以上の高所得者の2つによって示した．

　男性の場合には，低所得者の未受検者が42.9%，高所得者が16.1%な

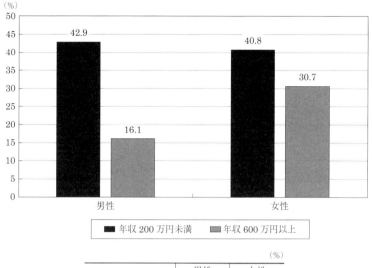

図5-1 世帯収入別の健康診断の未受検者割合

出所）厚生労働省『国民健康・栄養調査』2008年.

ので，およそ2.7倍の差があり大きな差となっている．逆に言えば，83.9%の高所得者は健康診断を受けているので，大半の人が受けていると判断してよいが，低所得者ではそれが57.1%となってかなり低くなる．

女性の場合は，未受検者は男性とほぼ変わりない割合であるが，高所得者でも30.7%と男性よりかなり高い．これは専業主婦の場合には，職場で健康診断を受ける確率の高い男性と比較すると，その場がないということが要因であると想像できる．

健康診断は企業が社員に対して行う提供の場合，地方公共団体が一部財政負担をする場合を除いて有料の場合が多いので，所得の高低によって受診率にかなりの差が生じるのは当然である．

(3) 病気を予防するための政策（食事などの栄養，運動など）

健康格差を検証する一つの手段は，人々が日頃の生活でどれほど病気にかからないような予防対策を心掛けているかである．暴飲暴食や喫煙に対して無防備であったり，運動を怠ると病気に見舞われる確率が高まることはよく知られている．そこでここではそれらの話題に注目して，人々が予防対策にどれだけ心掛けているか，特に所得階級別に関心を寄せる．

表 5-6 は，それを理解する上でとても有用な統計である．対象は 20 歳以上なので，若年，中年，高年のすべての年齢を含んでいる．所得階級に関しては，年収 200 万円未満を低所得者，200 万円～600 万円を中所得者，600 万円以上を高所得者と便宜上で称する．

では表の解釈に入ろう．全部で 8 つの項目があるが，1 番から順番に解釈を進める．

先ず肥満について，男性は所得階級によって肥満者の割合にさほどの差はないが，女性は高所得者ほどその比率が低下する．女性は所得が増加するほど，多食であることを控えていると言える．むしろ興味深いのは，どの所得階級においても女性の方が男性よりも肥満者の割合が低く，女性がスタイルを気にしてダイエットに励むことを示唆しているが，一方の男性は肥満を気にせずに食欲が旺盛である．

習慣的な朝食欠食者については，所得の低い人ほど朝食を取らない率が高まっている．朝食は一日の活力を決めるとされるので，取らないことは健康維持にマイナスとなりうる．しかし，朝食を取らない比率は全体で評価すると，ほぼ 20% 以下の少数派なので，影響を受ける人は多数派ではない．

野菜摂取量は多いほど，さらに食塩摂取量は少ないほど健康維持に好ましいとされる．野菜摂取量は所得が高くなるほど増加するので，高所得者ほど健康は良好になる可能性が高くなる．一方の食塩摂取量に関しては，ほんのわずかながらではあるが，所得が高くなると摂取量は増加している．食塩摂取量が健康に与える悪効果は，所得階級でほとんど差

表5-6 所得と生活習慣病に関する状況（20歳以上）

(%)

所得階級			200万円未満	200万円～600万円	600万円以上
1	肥満者	（男）	31.5	30.2	30.7
		（女）	25.6	21.0	13.2
2	習慣的な朝食欠食者	（男）	20.7	18.6	15.1
		（女）	17.6	11.7	10.5
3	野菜摂取量	（男）	255 g	276 g	283 g
		（女）	270 g	278 g	305 g
4	食塩摂取量	（男）	10.9 g	11.7 g	11.4 g
		（女）	9.6 g	10.0 g	10.1 g
5	運動習慣のない者	（男）	70.6	63.7	62.5
		（女）	72.9	72.1	67.7
6	習慣的な喫煙者	（男）	37.3	33.6	27.0
		（女）	11.7	8.8	6.4
7	飲酒の習慣者	（男）	32.6	36.6	40.0
		（女）	7.2	6.4	9.0
8	睡眠の質が悪い	（男）	11.1	11.8	10.8
		（女）	15.9	15.4	11.4

出所）厚生労働省「国民・健康栄養調査」平成26年．

がないと結論しておこう．

　運動をどの程度行っているかに関しては，所得の高い人ほど運動にコミットする確率が高まっているので，高所得者ほど健康維持に努めているし，発病の確率も小さくなると言える．なぜ低所得者が運動しないのかの理由に関しては，勤労にコミットする程度（労働時間の長さと，体力を要するきつい仕事に従事している）が高いので時間のないことと，ジムなどに行く所得がないなどの事実で説明できる．

　ところで，この表からわかるもう一つの点は，運動を習慣的にしない人は60〜70％に達しており，逆に言えば運動をする人は30〜40％にすぎない．日本人は概して運動にコミットしていないとみなせるので，運動によって健康維持に努める意識はそう強くないのである．

　喫煙と飲酒（アルコール）は健康に害のあることはよく知られている．この両者を好む率に関しては，所得階級が高くなるにつれて逆の相関を

示している．すなわち喫煙率は所得が高くなると低下するが，飲酒率は増加の傾向を示す．

喫煙は確実に悪い効果をもたらすので，低所得者ほど病気になる可能性は高まると言える．飲酒に関してはそう単純ではなく，適量の飲酒は勧められていることもある．しかし深酒の良くないことはわかっている．この表でどれほどの飲酒をしているかは明らかではないので，所得階級別に関する飲酒のことは結論を述べないでおこう．

喫煙と飲酒に関してこの表から得られる興味深い点は，女性よりも男性の方が，習慣的に両者にコミットしている率がはるかに高いことにある．飲酒と，特に喫煙が健康に害のあることは確実なので，男性の方が女性よりも日頃の生活習慣によって，健康にマイナスになっている確率が高い，と結論付けられる．

最後は，睡眠の質である．この質が悪いとする率は，低所得者の方が，高所得者よりもやや高いと報告されているが，その差は大きくないので，所得階級によって睡眠の質に差があるとは言えない，と解釈しておこう．

表5-6から得られる一般的な結論をここでまとめておこう．冒頭で推測したように，所得の低い人ほど健康に悪い行為を日常生活で送っている確率が高い．特に運動にコミットする割合，喫煙率，朝食を取らない比率，などからそれが言える．もう一つの発見は，男性の方が女性よりも健康に悪い生活を送っている現象が目立ち，男性が女性よりも早く死亡する原因の一つとなっている．

1.4 健康格差に与える別の要因

ここまでは人々の健康状態，あるいは寿命に与える要因を，主として所得の効果を中心にして分析した．所得に付随する諸要因についても考察したが，これらの要因以外にも複数の要因が挙げられるので，いくつかを列挙しておきたい．なぜそれらが挙げられたのか，詳細な議論はせずに簡単に取り上げる．ここでは医学の健康格差の第一人者近藤の研究

（近藤 2005，近藤 2017）に依存するが，私たちが専門とする経済学から提唱されたのもある．

① ストレス

仕事上や日常生活において精神的にストレスを感じると，心理的に不安定になって，食事，睡眠，人間関係などで不規則，ないし異常な行動に出ることがある．この場合自分でストレスをコントロールできない人は，心理上の不安定さが増して，ひどいときは精神病や心臓病になる人が中にはいる．

一方で，ストレスを自分でコントロールできる人もいて，仕事の量やそのやり方を変更して，うまく処理できるのである．こういう人は，管理職や教育の高い人に多いと報告されている．これまで教育が健康格差に与える影響に言及しなかったが，後に詳しく検討する．

② 過労死

働き過ぎによって身体と精神の病気を招くことがあるということは，日本ではよくあることとされた．企業は業績を上げたいために，労働基準法で定められた以上の長時間労働を従業員に要求することがあった．従業員も収入を増やしたいためと自己の勤務評定を高めるために，その要求に応じて長時間労働にコミットするのが，日本の労使関係であった．

過労が直接の原因で死亡に至る例はそう多くないが，長期間にわたって長時間労働を続けると，徐々に肉体や精神が病むことがあり，これが原因となって過労死に至るケースがある．

③ 不安定雇用（非正規雇用）

日本の労働者の4割弱は，パートタイマー，アルバイト，派遣社員，期限付き雇用者などの非正規労働者で占められている．日本が格差社会に入ったことはすでに述べたが，それを説明する一つの要因になっている．非正規労働者の賃金は，正規労働者の賃金と比較してかなり低い．

言わば低所得者の代表になっている．ここまで低所得者は様々な要因で，健康格差の悪いクラスに入る人になりうると述べてきたので，非正規労働者はこれに該当するのである．

　もう一つ重要な視点は，非正規労働者の雇用の不安定さにある．企業側は過剰雇用を感じると，真先に雇用を停止するのはこういう非正規労働者である．いつ解雇されるかわからない不安定さから，①ストレスのところで論じたことが発生して，健康格差の一原因になりうる．

④人間関係の希薄さ

　単身者に多い現象であるが，家人や他人との交渉があまりない人は，孤独感を持つことがある．さびしさを覚えると人間はどうしても後向きになるので，精神的に弱くなって，メンタルヘルス病になることがある．

　さらに，周りとあまり交渉がないと，看護や介護を受ける可能性が減少するデメリットがある．さらに健康上の相談相手もいない場合には，孤独死に至る最悪のケースもありうる．

⑤成果主義の導入

　日本の労使関係は，年功序列と長期雇用を特色としていたが，企業は労働生産性を高めるために，賃金や昇進の決定において成果主義（能力・実績主義と称してもよい）を導入しつつある．労働者の働き振りの成果に応じて昇進や賃金を決定する制度にするために，働き振りや成果を労働者別に査定するのが普遍的になった．

　査定で上位にランクされた人にはほとんど問題は発生しない．かえって本人の勤労意欲を高める効果が期待できる．あえて言えば，働き過ぎで健康，精神を病むという悪い面が生じるかもしれない．むしろ問題は査定で下位にランクされた人に発生する可能性が高い．人生に希望を失うかもしれないし，精神の不安定性が増すかもしれない．この場合はストレスのところで述べた点と同じ効果が発生するので，健康格差の要因になりえる．成果主義の導入は時代の流れであるが，いかに全労働者に

⑥女性は男性よりも長命である

　2023年の女性の平均寿命は87.14歳，男性は81.09歳であり，その差はおよそ6年である．明治時代ははるかに男女ともに短命だったし，男女差は1〜2年しかなかった．時代が近代化するにつれて，寿命の男女差は拡大したのであり，この点を理解するとヒントがある．

　第一に，医学的見地によると，女性ホルモン（エストロゲンやアディポネクチン）は血圧を下げたり，悪玉コレステロール，そして動脈硬化を防ぐ効能があるので，これらは寿命を長くする効果がある．これらは医学の進歩によって明らかになったことと認識してよい．

　第二に，生きて行く上の必要エネルギーの量は，男性よりも女性が少なくてすむ．これはたとえ経済的な理由（例えば貧困）によって栄養を取る量が少なくとも，健康でいられることを確保できるので，女性が長生きできることを保証する．

　第三に，女性の方が健康維持策に敏感である．例えば表5-6で見たように，女性の方が日常生活（例えば喫煙，飲酒，朝食欠食など）で健康に害のあることを節制しているので，健康の維持に貢献していると理解できる．

　第四に，自殺率は統計によると，男性のそれは女性よりも約3倍ほど高い．男性に経済生活の責任が多いことの反映で，企業倒産や失業の責任をとって自殺しやすい．これに関していくつかの研究は，女性の方が男性よりも精神が強いと示唆していることも関係している．

1.5　教育（学歴）の差は健康格差に影響を与えるか

　日本人の教育（学歴）に対する関心はとても高く，教育に関することは様々な話題について，日頃から大々的に論じられている．しかし教育と健康に関しては，学問的にも日常的にもさほど論議の対象とならない．一つの理由は統計データの欠如と，もう一つは両者の間には関係がないだろうという先入観が支配していたからである．

　最近になって2つの貴重な研究が出現した．一つは佐藤（2017）であり，もう一つは小塩（2021）である．これらは多くの人が関心を寄せた平均寿命に関することに注目しておらず，人々の主観的健康度（個人が自分の健康状態を自己評価する）への影響を分析したものである．

　まず佐藤一磨の研究を見てみよう．佐藤は様々な健康指標（例えば，主観的健康度，肥満度，喫煙率，飲酒率，スポーツ実践度など）を説明する変数は何であるかに興味を持って，マッチング法という統計手法を用いて分析した．

　なおコントロール変数として，時間割引率，危険回避度，両親の学歴，出生時の体重，年齢，世帯所得，配偶者の有無などが考慮されている．このように多くのコントロール変数があるので，学歴が健康に与える効果の分析には頑健性があると判断してよい．

　結論として，次のような結果が得られた．大卒者の方が大卒未満者よりも，主観的健康度を筆頭に，そして肥満度，喫煙率，飲酒率，スポーツに対して，健康に良好な効果を与えていることがわかった．似たことは，大卒者と高卒者の比較においても得られている．学歴の高い人ほど主観的健康度が高いし，健康に良い成果を与える生活を送っているのである．

　残念なことに佐藤では，所得の効果についてはさほどの言及がない．学歴の差が人々の主観的健康度の評価にどのような効果があるのかがここでの関心なので，次の小塩隆士の研究に移らねばならない．小塩は学

歴（教育）→所得→健康という経路に関心があるので，とても重要な研究である．

教育（学歴）と所得に正の相関があるという事実は，ほほどの国の労働経済学の研究でも支持されている．日本について言えば，「賃金構造基本調査（2021年）」によると，高卒の年間賃金が男性で354万円，専門学校卒が371万円，高専・短大卒が415万円，大卒が464万円，大学院卒が558万円なので，学歴による収入差は確実にある．しかしその差の程度は，欧米と比較すると小さい国に属する．

教育（学歴）が稼得能力を高めるという事実は，次の2つの経済学上の命題で説明できる．一つは「人的資本理論」と称されるもので，学校教育と職業訓練は人々の労働生産性を高めるので，生産性に見合った賃金が支払われる限り（経済学では限界生産力原理と称する），高い所得を稼得することになる．

もう一つは，「スクリーニング仮説」と称されるもので，高い教育を受けた人は，周り（特に企業）はその人を有能でかつ将来の生産性も高いだろうと予想して，積極的に採用と昇進を図るというものである．日本における指定校制度（採用にあたって特定の大卒しか受験資格を与えない制度）は，この「スクリーニング仮説」で説明できる事象である．

この2つの理論と仮説，どちらがより正しいかについては追及せず，教育水準が所得の高低を決める一要因という事実の共通性を重視して，これら2つの研究の妥当性を支持するものである．

小塩は教育が所得の代理変数になりうることを「間接効果」と命名し，「間接効果」で説明できない部分を「直接効果」と命名する．さらに，小塩は教育水準の高い人は高い所得を稼ぐ事実を容認するが，所得以外にも教育は働く人の身分（特に正規労働者か非正規労働者の区分）の決定に寄与することに注目する．すでに本章において非正規労働者の健康が阻害されている確率の高いことを論じたが，小塩はこの就業上の身分格差をも「間接効果」の一つとみなすのである．図5-2が，この2つの効果を例示している．

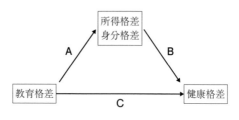

間接効果：AとBの効果
直接効果：C

図5-2　教育格差が健康格差に与える効果

　教育水準の差が，所得格差と身分格差という「間接効果」（AとBの合成効果）を生む事実に注目して，これらが健康格差にどれだけ影響を与えるかを数量分析した．意外にも，その効果はそれほど大きくないと小塩は主張したのである．すなわち「間接効果」よりも，「直接効果」の方が大きい可能性を示唆したのである．佐藤は「直接効果」のCと効果A，Bを同時に，あるいは並列的に分析したと考えてよく，両者はまったく異なる分析手法を用いたのである．

　小塩（2021）は病気の種類（糖尿病，心臓病，脳卒中，高血圧，高脂血症）別に，この「間接効果」と「直接効果」を計測したので，綿密な分析を行ったとみなせる．病気別の細かい結果はここでは示さないが，多くの病気に関して「間接効果」の方が「直接効果」よりも小さいということを発見したのである．では「直接効果」にはどのようなものがあるかといえば，喫煙，飲酒，食事，健康を心掛ける気持などの差が教育水準によって現れると考えた．そこでもっとも重要な変数と考える喫煙率の違いを，学歴別に見ることにした．それが表5-7である．

　この表によると，全年齢で見ると中卒を除いて，男女ともに学歴が高くなるほど喫煙率はかなり低下する．年齢を25〜34歳の若年に限定すると，逆に中卒が一番高い喫煙率を示す．これからの時代は世の中で中卒者はごく少数なので，観測誤差とみなされて中卒は無視してよい．この表は，学歴が高くなるほど喫煙率は直線的に低下するとみなしてよい．

表 5-7　学歴別の喫煙率（2010 年）

学歴／性別	男性		女性	
	全年齢	25～34 歳	全年齢	25～34 歳
中卒	34.0	68.4	8.9	49.3
高卒	42.5	55.9	12.5	23.9
専門学校	44.4	49.5	13.7	17.5
短大卒	36.8	46.8	7.4	10.3
大学卒	32.2	36.5	6.0	6.6
大学院	17.3	19.4	4.0	4.8

出所）中村正和，田淵貴大「厚生労働省科学研究費補助金報告書」．基礎データは「国民生活基礎調査」．

　この表の教えるところは重要で，学歴によって喫煙率がこれだけ異なれば，その差が種々の病気の発生率に異なる効果を与えるというのは確実に想像できる．実は表 5-6 では所得階級別に喫煙率などの日常生活の習慣の違いを示したが，「所得」階級別を「学歴」別に置き換えても，かなり似たことを示しているのである．小塩の言う「直接効果」が健康格差に大きな影響を与える，という主張を支持できるのである．

　以上，佐藤と小塩の研究をまとめると次のようになろう．学歴の差が健康格差に与える効果については，学歴が所得格差や就業上の身分格差に影響を与えるのは確実であり，その影響が間接的に健康格差を生むのも確実である．しかしこの間接効果を過大に評価するのではなく，学歴による喫煙率の差といった直接効果も結構重要である，と結論付けておこう．

　しかしここでは，所得格差が健康格差に与える効果は小さい，と理解しないでほしい．本章の前半で述べたように，所得格差は健康格差に影響がある．新しく教育を考慮すると，それが所得を通じて健康格差に与える効果はそう大きくない，ということである．

　最後に，ここで分析できなかったテーマについてふれておこう．低学歴者は肉体的に激しい労働をする人が多く，高学歴者はホワイトカラー職が多いので，肉体的に厳しい作業をさほどしない，と考えてよい．このことが学歴差による健康格差に影響を与えているのではないか，と想

像できる．残念ながらこの分析を行うだけの統計資料に欠けるので，問題の指摘だけにとどめておく．

2. 日本の医療供給体制

　医療の供給体制は，医師・看護師の総供給，各診療科別に十分に医師が確保されているか，病院数とベッド数，医療器具の供給状況，大学の医学部での教育・訓練など，多岐のことを論じなければならない．これらに関する奥の深い分析は，素人には困難な作業なので，教育に関心のある経済学者でも論じられるごく少数のテーマに絞って論じてみたい．分析の方法は他の先進国と比較しながら，日本の地位を知った上で進めたい．

2.1　医者の供給は十分か

　「3時間待って3分の診断」というのが，一昔前にやや誇張を込めての日本の診療の実態であった．その後，医科大学が各都道府県に最低一校は開校されたので，医師不足はやや解消された．現代はどうであろうか．表5-8がOECD諸国のうち，一部の国における人口1,000人当たりの医師数と看護師数を示したものである．

　日本はOECD加盟国38か国のうち，なんと32位の医師2.4人の少なさである．看護師は11.3人で，他の諸国に遜色のない数である．ここでは医師だけを論じる．トップのギリシャは6.1人と多いが，看護師は3.3人と少ないので，国によっては医師と看護師の境界が曖昧なのかもしれない．日本は看護師はやや多く，看護師が医師の役割の一部を担当している国と解釈できなくはない．

　日本はなぜ医師の数が抑制されてきたのだろうか．種々の理由はあるが，重要なのは日本医師会が，医師の数を増やす政策に一貫して反対し

表5-8 人口1000人当たりの医師数（順位を含む）と看護師数

順位	国	医師	看護師
1	ギリシャ	6.1	3.3
2	オーストリア	5.2	6.9
7	ドイツ	4.3	12.9
8	スウェーデン	4.1	10.9
28	イギリス	2.8	7.8
30	アメリカ	2.6	11.7
32	日本	2.4	11.3
35	韓国	2.3	6.9
36	トルコ	1.9	2.1

出所）OECD, Health Statistics, 2019.

てきたからである．医師会は，医師の数が増加すると，医師当たりの患者数が減少するので，自分たちの収入が減ることを恐れたからである．皆が知るように医師の所得はとても高く，若い人が就きたい職業の一つになっている．

　医師会が反対する理由のもう一つに，日本人の平均寿命は世界でもトップクラスにいる事実を強調して，日本の医療は効率的に運営されているのだから，少数の医師でも十分やっていける，という論理を用いている．未だに患者は診察や入院を待たされているのであるから，歯科（歯科医の数は現在過剰気味である）を除いて医師不足（特に地方が深刻）の解消のため，医師の数を増やす策を政府は先導してほしい．

　さらに科目ごとの医師不足（例えば，麻酔科，救急科，小児科，整形外科など）に凸凹が目立つので，不足している診療科目の医師の充足のためというのも大きい．日本医師会は今後の日本は少子化で患者の数が減るので，医師の数を増やす必要がない，と主張するようになった．これも根拠が薄弱である．医師が多くいれば質の高い治療に期待できる．さらに重要なことは，基礎医学に従事する人の数を増やす必要がある．これまでの日本の医学界は，外国の新薬や新治療法の開発に依存しすぎてきた．これからは日本でそれらを担当する必要性に迫られるという予想もある．

2.2 医療費は高いか低いか

日本の医療費は高いのか,低いのか,他の諸国と比較したのが表5-9である.これは1人当たりの医療費をいくつかの国で示したものである.

アメリカが9,400ドルで圧倒的な高医療費国である.これにはいろいろな理由がある.例えば,医療従事者の収入がケタ違いに高い,病院の設備や診療器具が最先端をいくので,それらの費用がとても高い.薬品の値段も非常に高い,新治療法の開発や新薬開発に莫大な投資をする,などである.

日本はどうか.3,700ドルなので,アメリカのおよそ4割の医療費となり,かなり低い.しかしアメリカよりも平均寿命が長いので,医療は日本では効率的に運営されている,と解釈できなくもない.しかしすでに述べたように,日本は新治療法,新医療器具,新薬の開発などを外国(特にアメリカ)に依存してきた.今回の新型コロナウイルス感染症の流行においても,国産のワクチンは開発が遅れて,外国産に頼らざるをえなかったのが象徴的である.

確かに治療を受ける側からすると医療費は安いのが望ましいが,いつまでも外国依存でいることは避けた方がよいので,医療への投資,製薬

表5-9 1人当たりの医療費(2014年)

(US ドル)

国名	1人当たりの医療費
アメリカ	9,403
ドイツ	5,411
フランス	4,958
イギリス	3,935
日本	3,703
ロシア	893
中国	420

出所)WHO, Global Health Expenditure Database.

表 5-10 人口 1000 人当たりの病床数

	調査年	ベッド数	治療用ベッド	長期療養ベッド
カナダ	2018	2.5	2.0	0.4
フランス	2017	6.0	3.1	0.5
ドイツ	2017	8.0	6.0	0.0
イタリア	2017	3.2	2.6	0.1
日本	2017	13.1	7.8	2.6
イギリス	2017	2.5	2.1	—
アメリカ	2017	2.8	2.4	0.2

出所）OECD, Health Statistics 2019.

への投資をすることによって，自国で新治療法や新薬の開発に努めてほしいと期待しておこう．したがって医療費が少し高くなるのはやむをえない．深刻な高齢人口化を控えて，政府は医療費の抑制策を主張しており，反対論はあるだろう．

2.3 治療を入院に頼りすぎていないか

日本は簡単に入院させて治療を行う国だとの風評がある．意外と知られていないことなので，国際比較でそれを確認しよう．表 5-10 は，人口 1,000 人当たりの病床数を G7 の国で示したものである．ベッド数は 13.1 床で，他の国よりもかなり多いことがわかる．治療用ベッドも長期療養ベッドもそうである．日本では治療は入院によって行うのが習慣になっていると思える．

このことは良いことなのか，悪いことなのかと問われると，悪くないことというのがここでの回答である．なぜ他の先進国で入院を避けるのかといえば，費用が高いからということに尽きる．一方の日本では，意外と入院費用は高くないのである（特に外国と比較すれば）．入院の経済的負担は極端に高くはないので，人々は入院を拒否しないのである．

統計でそれを確認しておこう．2010 年に東京海上日動火災から発行された『世界の医療と安全』には，盲腸の治療費が掲載されている．アメリカのニューヨークでの入院が 1～3 日で 152.2～440.9 万円が必要，

ロンドンで2日の入院は74.1万円，ローマで3日の入院は68.2〜73.1万円，日本は6〜7日の入院で30.0万円とされる．やや古いので，今では各国とも値段は上昇しているだろう．しかし，国別の相対比較は，入院日数，治療費用ともに大きな変化はないであろう．

しかも入院での治療だと四六時中，医師と看護師の治療と看護が受けられるので，治療の質は高まるメリットがある．逆に家庭での治療だと質の低下が発生するかもしれないし，家人の看護負担が大きくなることもある．これらのことを考慮すれば，日本の入院重視策はそう悪いことではないと判断できようか．

2.4 かかりつけ医と専門医の役割

医療行政当局は，日本においてかかりつけ医と専門医の役割を今以上に明確に区分する政策を実行せんとしているが，それを徹底してほしいものである．この区分がもっとも徹底しているのはイギリスである．表5-9で示されたように，イギリスは1人当たりの医療費が低額であり，医療サービスが効率的に運営されている証拠である．

かかりつけ医とは，住民地区に存在する個人医院を中心にしたもので，住民が身体に異常を見つけたときに，気軽に診察してもらえる医師である．病状が軽症なときはかかりつけ医の治療だけですむ．専門医（大病院に所属することが多い）とは，かかりつけ医が治療が困難と判断したときに，適切な医師のいる病院にその患者の治療を委任して高度な治療をする医師である．高度な専門・治療技術を有しているし，病院も高度な医療器具を保有している上に，入院設備も有している．

ここで重要なことは，かかりつけ医は専門医よりも劣る医師と認識されることを避けることにある．ただ役割が異なるだけである．専門医は高度な医療の学識と技能を持つのが期待されるし，年齢的にも体力のある中年までの人がふさわしいであろう．一方のかかりつけ医は，年齢を重ね経験を積み重ねた医師という立場の人がふさわしい．極論すれば，

高度で困難な手術を含む治療を行う専門医の方が高い収入を得てもよいが，かかりつけ医と専門医の間に大きな所得格差が生じない制度が望ましい．

　イギリスの医療はこうして効率的に運営されているが，問題がないわけではない．よく指摘されるのは，診察，手術，入院などの待ち時間が長いことである．医師の数は表5-8で見たように日本よりも少し多いが，表5-10で見たようにベッド数はとても少ない．待たされるという指摘は間違いないであろう．

第6章　医療と財源

はじめに

　医薬品や医療機器を自国で製造し提供できるかどうかは，国家にとって重要な問題である．いくらお金があっても，国内で製造できずに輸入だけに頼っていては，国の安全保障の問題となる．この章では前半で医薬の100年の歴史を振り返る．新薬が登場するまでには途方もない時間がかかる．それとともに，研究者や製薬会社の途方もない努力が積み重ねられていく．民間の力だけでは，十分な研究開発を継続することは困難になることもしばしばである．そのため，21世紀の今日では，各国の政府も支援する体制を整えている．医療や健康にどれだけ政府が支援するかは，国民の理解が不可欠である．医薬の歴史を山川（1995a, b）に沿ってみていく．

　本章の後半では，お金の話をする．政府が医療や健康にお金を使うことは，我々の安全を確保する安全保障の点でも重要である．もし，医療が安全保障であることを理解できていなければ，「無駄があれば削減すべき」「民間に任せられるなら民間に」という主張につながる．国の安全保障や，国民の生命や健康をすべて民間にゆだねるのは，かなりリスクが高いことだと言えるだろう．100年の医薬の歴史を知れば，政府の支援には意義があることだと理解できるだろう．同時に，医療の財源をどうすべきか，ということも重要な問題である．しかしながら，政府が通貨を発行することを理解している場合とそうでない場合で，大きな見

解の相違が生じる．100年の医薬の歴史を振り返るとともに，医療の財源の問題を考えてみる．

1. 20世紀以前の医薬

19世紀末から20世紀初めにかけて，欧州ではいち早くさまざまな細菌の発見と医薬技術の開発が行われていた．

フランスでは，パスツール研究所が開設（1887年）され，さまざまな研究が行われていた．当時は栄養さえあれば微生物は自然に発生するという「自然発生説」が唱えられていたが，パスツールは微生物が「外からやって来る」としてこれを否定．フラスコの首を折った「白鳥フラスコ」と，普通のフラスコの2種類を用いた実験で，自然発生説を否定する．また，葡萄酒の精製の時にカギとなる酵母菌の適温を明らかにし，狂犬病のワクチンの開発などにも貢献した．パスツールの細菌研究に触発され，イギリスではリスター（1827～1912年）によって，手術の際に十分な消毒と細菌の除去に努める近代的外科手術も確立されていった．ヨーロッパでは，数次にわたって襲ったペストやコレラなどの感染症に対する恐怖心があった．また，各国をめぐる戦争がたびたび起こる中で，近代的な外科手術が必要とされていた．ドイツではコッホが結核菌（1882年）やコレラ菌を発見（1884年）し，細菌が人にとっても病原菌であることを証明する．

また，コッホに師事した北里柴三郎が破傷風菌の純粋培養に成功（1889年）し，志賀潔が赤痢菌を発見（1897年）するなど，日本人医学者も活躍していた．特に北里は，約100年ぶりに人類の前に現れたペスト菌を発見（1894年）したことでも有名で，「感染症学の巨星」と呼ばれた．中国南部で蔓延していた謎の病気が香港まで達したことで，明治政府の命を受け，北里は香港に急行する．その後，彼は現地到着後驚くべき早さでペスト菌を発見．北里の発見後，有効な予防法，消毒法が実

施された．ほぼ同時期にフランス政府とパスツール研究所の要請を受けて香港へ入ったフランス国籍を持つスイス人であるアレクサンドル・エルサンも，ペスト菌を見つける．この2人の研究者の競争は，あたかもドイツのコッホとフランスのパスツールの代理競争と言えるだろう．

一方，同じ時期の日本では，明治政府が製薬工業の建設に取りかかったばかりであった．大日本製薬会社をつくった（1885年）のもこの時期である．民間では，大手の薬種卸商であった田辺商店，武田商店，塩野商店，藤沢商店などは独自の製薬所を建設して，製薬会社へと脱皮しつつある段階だった．

2. 2つの世界大戦と製薬

2つの世界大戦間に，世界の製薬開発競争は展開し始める．特に，ドイツの有機化学の成果がアメリカに移り，欧米諸国で研究開発が活発に行われる．これに対して，日本は優秀な世界的研究者を輩出してはいたものの，彼らのベースグラウンドは欧米諸国だった．国内の創薬の能力，生産力，研究開発においては格段の遅れをとっていた．

2.1 第一次世界大戦と国産化

大正4（1915）年，政府は「染料医薬品製造奨励法」を発令して，医薬品の国産化と製造に力をいれ，サリチル酸やサルバルサンの国産化が行われた．団塊の世代の親が生まれた頃は，製薬の国産化が始動したばかりの時期だったのである．

ここで，サルバルサンの国産化に貢献した秦佐八郎（1873～1938年）氏を紹介したい．秦は，北里柴三郎の弟子にあたる人物で，梅毒の治療薬である「サルバルサン」を開発した人物である．秦は1873（明治6）年に島根県の農家の14人兄弟の8男として生まれた．勉学優秀を見込

まれて，14歳の時には村医者の秦家の養子となる．その後，岡山県立病院の助手になるが，上京して医学者になることを志し，1898（明治31）年に伝染病研究所に入所する．ここで，秦は北里から厳しく実験方法の指導を受ける．やがてドイツ留学生に抜擢され，ドイツのエールリッヒ博士の研究所に招かれることになる．

明治・大正時代の日本では，梅毒に苦しむ患者が大勢いた．梅毒は，スピロヘータという細菌によって引き起こされる性病で，当時はまだ治療法が確立していなかった．世界中でも多くの人々が苦しんでいた．エールリッヒ博士は，ヒ素化合物が梅毒の病原菌を退治することを突き止めていたのであるが，ヒ素は有毒で実用化が難しかったのである．薬としてのヒ素の効果を維持しながらも，人体に影響を与えない程度までに毒性をいかに弱毒化するか．秦はそのための実験を繰り返した．気の遠くなるような数の実験を行い，ネズミなどで実験して効果を確認して，猿に投与して安全性を確認し，その後ようやく人体への投与実験が行われた．606回もの試作品をつくったのち，梅毒の治療薬「サルバルサン606」が誕生したのであった．その後，世界初の化学療法剤「サルバルサン」という商品名で，ドイツの製薬会社から発売された．サルバルサンとは，ドイツ語で「世を救うヒ素」という意味である．

1908（明治41）年，エールリッヒ博士は，ノーベル生理・医学賞を受賞した．秦も1913（大正2）年にノーベル賞候補にあがったが，惜しくも受賞を逃している．しかし，秦の功績は偉大であり，日本の誇るべき医学研究者と言えるだろう．

19世紀末にさまざまな細菌が発見されたのに対して，20世紀初期は医薬科学が華々しく展開した時代であったと言える．例えば，シャウデイン，ホフマンによる梅毒のスピロヘータの発見（1905年）とエールリッヒ，秦佐八郎によるサルバルサンの創製（1909年）は，薬物による化学療法への道を開いたと言える．また，フレミングによるペニシリンの発見（1928年）と，ドマックによるスルホンアミド剤の創製は，その後抗生物質による化学療法へとつながっていく．

さらに，内分泌ホルモン研究は，高峰譲吉が副腎髄質からアドレナリンを単独で離脱するのに成功した時（1900年）から始まって，ブテナントらによって展開していく．また，フランクや鈴木梅太郎らに始まり，多数のビタミンが発見されて研究が展開されていった．

　このように医薬科学は20世紀初めから華々しく展開するが，その中心はヨーロッパであり，ドイツはトップの医薬科学の地位にあったわけである．第一次大戦後，ドイツからの医薬品が途絶することで，日本では医薬品の国産化が始まる．また，ドイツの有機化学の研究成果は，他の欧州諸国やアメリカ，日本へと波及することになる．特に，第一次大戦の被害を受けなかったアメリカへと，有機化学の中心的地位は移行することになる．戦争が科学技術の中心の地位を，欧州大陸からアメリカへと移行させたともいえる．第二次大戦前は日本ではドイツ語で医師はカルテを書き，医学はドイツから学ぶという傾向があった．そもそもカルテがドイツ語であり，カテーテルやギプス，アレルギーなどはドイツ語を語源とするもので，日本の医学用語にはドイツ語を語源とする外来語がたくさんある．

　しかし，第二次大戦後，医師はカルテを日本語で書くようになる．そして，医学は日本の医大で世界水準のものを学ぶことができるように変化していく．21世紀の日本では，国内だけでも自力で世界最高水準の医療を提供するようになるのだが，そこに行き着くまでには時間がかかった．

2.2　第二次世界大戦と開発競争

　第一次大戦後，日本ではドイツからの医薬品が途絶してから国産化を目指す．医薬科学技術の中心が，ドイツからアメリカへと移行するとともに，活発な研究・開発が欧米で展開される．製薬の研究開発は，戦争と密接な関係にあった．

　感染症の治療薬であるペニシリンや，結核の治療薬であるストレプト

マイシンなどの抗生物質の発見や，その大量生産の成功によって，戦火をまぬがれたアメリカは圧倒的優位に立っていった．医学の歴史の中で，1940年代は抗生物質の発見が死亡率低下に大きな影響を与えた時期と言える．しかしながら，戦前の日本では十分な抗生物質を自力で生産することはできなかった．

　第二次大戦が始まり，太平洋の広域が戦場になると，航空機による近代戦が行われるようになる．軍人には，大量のビタミン剤，化学療法剤，ホルモン剤，抗スタミン剤が配給される．第二次大戦中，ある研究開発競争にアメリカ政府の関心が集まる．それは，副腎皮質ホルモンの研究である．副腎皮質からの抽出物をパイロットに投与すると，高いところを飛んでも酸素欠乏症になりにくいという報告があった．この研究開発に携わった3人の研究者たちは，のちにノーベル賞を受賞することになる．アメリカ政府は，副腎皮質剤の大量生産に着手し，戦場でのパイロットに活用させた．

　一方，第二次大戦中の日本では，欧米諸国からの科学技術情報は乏しく，ドイツの潜水艦Uボートで不定期に資料を入手できる程度であった．戦争末期の1944年，イギリスやアメリカで感染症の画期的な治療薬であるペニシリンが開発されたことを知り，陸軍の軍医学校が中心となり，自力でペニシリンを生産することに成功した．しかし，生産設備や技術者，さらには労働者が不足していたため，生産は思うように進まなかった．

　第二次大戦中，アメリカのパイロットは十分な物資を携帯し，酸素不足に不自由しないよう副腎皮質からの抽出物を投与されていたのに対して，日本人のパイロットはほぼ丸腰で戦場に出たわけである．そして，その前線に立たされたのが，団塊の世代の親たちであった．

2.3　3人のノーベル賞受賞者

　ここで副腎皮質ホルモンの実用化でノーベル賞を受賞した，三人の医

学研究者をとりあげたい（Miller and White 2023）．1 人目は，エドワード・カルビン・ケンダル（Edward Calvin Kendall, 1886～1972 年）である．彼はアメリカで学位取得後，パーク・デービス社に入社して甲状腺ホルモンの研究に従事する．その後，同社を退社して，メイヨー・クリニックに移る．1930 年代「ウシの副腎皮質からの抽出物（のちにコルチンと呼ばれる）がアジソン病に効く」という報告に関心をもった．アジソン病とは，皮膚が黒褐色になり，衰弱して死に至る病である．研究者間でコルチンの抽出と実用化の競争が始まることとなる．

ケンダルはパーク・デービス社と契約を結び，大量のコルチン抽出に成功する．その契約内容とは「副腎皮質からアドレナリンを抽出する代わりに，同社にとっては不要となった皮質の部分を譲り受ける」というものであった．つまり，彼はパーク・デービス社にとってはゴミ同然であったものを，コルチン抽出物として譲り受けることに成功したのである．こうして，ケンダルの研究室はコルチン製造工場のようになり，大量のコルチンを入手する．もともと，ケンダルはホルモン精製を得意とする研究者だったので，大量に入手したコルチンから化合物を単離するのは容易だった．その中から「物質 E」と命名したものが，最も効力が高いことを見出すのである．彼はこの時点では得意満面であったが，海の向こうの欧州ではすでに強敵があらわれていた．

2 人目が，タデウス・ライヒスタイン（Tadeus Reichstein, 1897～1996 年）というポーランド出身の化学者である．彼はロシア占領下のポーランドを逃れ，最終的にスイスに定住した．1922 年にチューリッヒのスイス連邦工科大学で博士号を取得し，1928 年には「ライヒシュタイン・プロセス」として知られるビタミン C を合成するための方法を考案している．

彼はオランダのオルガノン社という製薬会社と提携して，副腎皮質からの抽出物の研究をすすめていた．オルガノン社の主な事業は，ウシのインスリン抽出だった．化学者であるライヒスタインは，ウシの副腎皮質からの抽出物から，20 種類以上薬理活性物質を単離し，そのうち 11

種類の化学構造を明らかにした.

　1935年までには,4つの研究グループがコルチンの分離を試みていた.一つはアメリカのパーク・デービス製薬会社とケンダル研究チームであり,もう一つは欧州のオルガノン製薬会社とライヒスタイン研究チームだった.その他にも,コロンビア大学の研究チームなどがあった.

　薬理活性物質の単離,構造分析,合成という点では,欧州側のライヒスタイン研究チームが圧勝という形であったが,まだ大きな問題がどちらにもあった.それは,「工業生産には至っていない」という問題であった.

　ライヒスタインは,コルチン中の有力な物質の合成にまでは成功していたが,製造量は極めて僅かであり,大量生産には至っていない.ここでケンダル研究チームに追い風が吹く.アメリカ政府が,「パイロットに副腎皮質抽出物を投与すると,酸素欠乏症になりにくい」という報告に関心を寄せるのである.第二次大戦の最中にあって,アメリカにとっては太平洋をまたいだ走行で酸素欠乏対策は必須であった.

　ケンダルはこの好機を逃さなかった.彼は,今度はメルク社と提携して研究規模を国家的プロジェクト規模にまで拡張することに成功する.ケンダルは,「物質E」を大量に入手することに成功する.実用化までに残された関門は,臨床実験であった.ここでもアメリカチームに追い風が吹くことになる.

　3人目が,フィリップ・ショウォルター・ヘンチ（Philip Showalter Hench, 1896～1965年）というアメリカ人の内科医である.

　ヘンチは,ケンダルが勤務するメイヨー・クリニックの関節疾患部長の内科医であった.彼は臨床の経験から,黄疸が出現するとリウマチ性関節炎が改善するが,黄疸が消失すると再び悪くなることに気づいていた.また,リウマチ性関節炎は妊娠すると症状が改善することにも気づいていた.そこで,リウマチ性関節炎には,黄疸や妊娠によって分泌される「ある物質」が,特効薬になるに違いないと考えていた.内科医であるヘンチができることといえば,可能性のある物質を次々に患者に投

与して効果を確認することである．彼は，臨床での「スクリーニング」を行っていたのである．ヘンチとケンダルが，同じクリニックに在籍していたのは偶然であった．

ケンダルとヘンチは，1938年頃に共同研究を始めた．1941年に彼らは，十分な材料が入手可能になったら関節炎に対して物質Eを試すことに同意した．しかし，第二次大戦でのヘンチの兵役があり，予定されていたプロジェクトは遅れることとなる．1948年9月，物質Eがメルク社から入手可能となり，重篤な関節炎患者に注射したところ，劇的な改善が得られたのであった．ヘンチがリウマチ患者に1日100ミリグラムを3日間連続投与すると，数日してリウマチ症状が著しく改善したのである．これは画期的な世界的大発見であった．

この功績を称えられて，ヘンチの名声は高まるが，同時にケンダルの名声も広く知れわたることとなった．また，臨床前の段階で，物質の単離，構造分析，合成と優れた手腕を発揮したライヒスタインの功績も称えられ，1950年に3人はそろってノーベル生理学・医学賞を受賞した．

3. 戦後の模倣と自主開発

第二次大戦後になってはじめて，日本では海外の研究成果の驚くべき進歩を知ることになる．特に，ペニシリンをはじめとした抗生物質の威力に日本の医療・製薬関係者はもとより，多くの国民は圧倒される．1950年代から1960年代の日本では，感染症による死亡率が急激に低下していくが，これは抗生物質が大いに貢献している．一方，この時期における日本の製薬会社の製薬技術は，海外から情報を入手して，製造方法だけを変えて作るというものが主流だった．

3.1 第二次世界大戦直後

日本の工業地帯は，壊滅的な被害を受けていた．工場設備の70%が破壊され，化学工業の復興には時間を要することは必然だった．また，国民の衛生状態は最悪で，伝染病やノミやシラミに悩まされる状態にあった．アメリカの占領軍（GHQ）は，感染症の蔓延を防ぐためにDDTなどの殺虫剤を散布した．また，GHQは米軍将兵に梅毒が蔓延することを懸念して，特効薬のペニシリンの生産技術の指導に当たった．第二次大戦中に戦場となった欧州諸国とは異なり，戦場とならなかったアメリカには世界中の優れた科学者や技術者が集まり，新しい産業も起こり超大国となっていく．

日本では，戦後になってはじめて第二次大戦中の欧米諸国での研究開発とその成果に関する情報が流入してきた．特に，ペニシリンやストレプトマイシンなどの抗生物質の感染症に対する治療効果や，副腎皮質ホルモンの研究成果には圧倒された．

3.2 海外からの技術移転時代（1950～60年代）

GHQによる占領期を経て，サンフランシスコ講和条約（1951年）によって日本は独立国として主権を回復することとなる．

諸外国との国交回復後，日本の製薬会社は欧米諸国から新薬の特許技術を獲得して，競って国内で生産を展開していく．この時期は，自力で新薬を作れない時期と言える．そのため，海外からの技術移転に依存する形で，自主的な技術開発の努力は行われず，過当競争がすすむことになる．海外への技術依存の体質は，製造方法だけが異なる新薬（ゾロ新）を量産することとなり，「模倣産業」と言われる性格を持つこととなる．

現在でも，特許の切れたジェネリック医薬品をもっと使用すべきと唱

える識者や学者がいるが，これは後進国的な発想と言えるのではないだろうか．単に政府支出を削ることだけに躍起になって，自力で創薬することをあきらめることは，国力を低下させることにつながる．

さて，この時期に日本の製薬会社で，製造方法だけが異なる新薬（ゾロ新）を量産することとなった背景には，法律の問題がある．この時期の特許は，「製造法特許」であったのである．開発した新薬自体の医薬特許が認められるには，1976年（特許法改正）まで待たなければならなかった．

3.3 国民皆保険と高度経済成長（1960〜70年代前半）

国民皆保険の成立（1961年）は，医薬品産業に大きな影響を与えた．国民が安心して医療にかかれることで，医療費も薬剤費も増加する．特に，薬剤費は伸び率が年率20％を超えることもあった．この背景には，日本人の抗生物質の魔法ともいえる効果への圧倒的な信頼感があった．それまで不治の病とされたリウマチに効果を示した副腎皮質ホルモン剤，序章でも述べたが，1960年代の日本人の死亡率低下に貢献したとされる血圧コントロールをするのに役立った降圧剤のレセルピン，精神病の治療薬であるクロルプロマジンやアレルギー反応や咳などの症状を改善する抗ヒスタミン剤などは，1960年代に日本に登場した新薬である．日本の製薬会社は，世界各地に情報網を張り巡らせて情報収集にあたる．日本はあたかも，世界の新薬の展示場のような観を呈していた．

この時期に，世界の科学技術の最高傑作を展示した大阪万博（1970年）が，国民から熱烈に支持されたのは偶然ではない．国民は，科学技術が自分たちの生活をよりよいものへと導いてくれると確信していた時代だったのである．

さらに，新薬としてビタミン剤が隆盛をきわめるのもこの時期だった．ビタミン剤は大衆保健薬として大量生産されたため，ビタミン剤を生産販売した製薬会社は，経済的基盤を盤石なものにしていった．武田製薬

のアリナミン，塩野義製薬のジセタミン，田辺製薬のベストンや藤沢製薬のノイビタは，この時期に登場したビタミン剤である．

3.4 低成長と薬害問題

石油危機を契機に，日本は低成長時代へ入る．それとともに，国民の間には，反科学運動が起こる．環境問題や薬害問題が生じ，科学技術は無条件に人々の暮らしをよくするものではないと，人々は考えるようになった．また，大衆保健薬が日本の製薬産業を発展させるという傾向にも，批判が起こるようになる．日本の保険システムは出来高払い制度であったために，新薬を多く処方すればするだけ，薬剤費収益が医療機関の経営を支えていった．こうした制度に対する批判も沸き起こる．

3.5 医薬の自主開発時代（1980年代〜）

1976年の特許法の改正によって医薬品の物質特許が認められてからは，日本は医薬の自主開発時代に入る．すでに，それまでに経済的基盤を盤石にした製薬会社は，独自の研究所を設立していた．ただ，法律の改正に伴って，本格的に研究開発に舵を切り，1980年代になると動物実験施設の建設が急増していく．また，海外からの技術導入に対しては，我が国からの新薬の技術交換が求められるようになっていった．いわゆる「クロス・ライセンス」と呼ばれる，特許の相互交換時代になっていったのである．この背景には，アメリカの政策変更が関係していると考えられる．

1970年代までのアメリカ政府は独占禁止法を重視して，企業の独占を許さない立場であったために，新薬においても独占的特許を制限する「アンチ・パテント（特許軽視）」政策をとっていた．しかし，1970年後半になると，日本や西ドイツが経済的に戦勝国であるイギリスやフランスを追い越し，アメリカに迫るほどの力をつけてくる中で，アメリカ

政府は脅威を覚えるようになる．1980年代になると，レーガン政権が強いアメリカを目指して，国益を守るために「プロ・パテント（特許重視）」政策へと政策変更していく．

この時期，日本は中曽根康弘政権だった．中曽根氏は大正 7（1918）年生まれで，団塊の親世代にあたる．ただ，彼の行った政策は，日本の安全保障の点からみるとまったく真逆の政策を行っており，ただアメリカ政府の要望に応じたものが多くある．アメリカの「プロ・パテント」政策を受け入れていったのも，その一環であるとも考えられる．その後，平成 3（1991）年に発足した宮澤喜一内閣も，この流れの中にあると言える．宮澤氏は，1993年にアメリカのビル・クリントン大統領と日米首脳会談（宮澤・クリントン会談）を行い，これ以降の1994年以降，毎年「年次改革要望書」をとりかわすことを約束する．そして，アメリカから毎年のように日本に対して「改革」を要望することが制度付けられる．そして，日本の市場をアメリカに開放することを要望されるという状況が，平成の間は続くこととなる．日本は政府の命で，規制緩和と市場開放を徐々に進めていく時代へと突入することになる．小泉純一郎政権の最初（2001年）に，日本の医療制度に「市場原理を導入すべし」という要望が提出されてくる．

3.6 政府の役割

ここで，医薬品や医療機器の分野を中心にして，アメリカと日本との経済対話の歴史を振り返る．ここでの経済対話の歴史的経緯の多くは，坂口（2009）に負っている．焦点をあてるのは，1985年，1993年，1997年の3つの年である．

1985年，中曽根政権で日米の政府間経済協議が行われる．これが「MOSS（Market-Oriented Sector Selective）協議」である．この協議で，アメリカ側は，医薬品・医療機器，電気通信，エレクトロニクス，林産業の4分野を，「一層の市場開放が期待される分野」として取り上

げる．そして，翌年には自動車部品を含む輸送機器分野を取り上げる．つまり，アメリカは日本が戦後に力をつけてきた産業に対して，市場開放を求めたわけである．1980年代後半から，アメリカにおいて日本車不買運動などが起こり，日本の主力産業である自動車製造業に対する風当たりが強くなったことを報道機関も取り上げた．しかし，医薬・医療機器産業でも，アメリカ製品を購入するように強い要求があったわけである．現在，日本はCT・MRIなど医療機器の多くを海外から輸入しており，人口当たりのCTやMRIの設置台数は世界一であるが，政府の政策に影響を受けていることは否定できないだろう．1985年というのは，戦後の一つの節目に当たる年でもある．終戦の年に20歳であった団塊の親世代の人は，この年60歳の退職の年齢となっていた．戦後，荒廃した中から，自動車，電気通信，エレクトロニクス，さらには医薬・医療機器産業を育ててきた世代が，社会の第一線から退いていった．そして，団塊の世代が社会の第一線で意思決定を行う立場となっていった．

　1993（平成5）年，宮澤政権で「日米包括経済協議（日米間の新たな経済パートナーシップのための枠組み）」が始まる．この枠組みの中で，医薬品・医療機器の技術を日本に導入することが求められた．翌（1994）年から毎年，アメリカ政府からの「年次改革要望書」が提出されるようになる．これが日本に「平成の改革」を後押しした圧力であったことは否定できないだろう．

　1997（平成9）年，橋本龍太郎政権で「日米規制改革対話（規制緩和及び競争政策に関する日米間の強化されたイニシアティブ）」が始まる．この対話での重点分野として取り上げられたのは，電気通信，住宅，医療機器・医薬品，金融サービスだった．2001年から2006年までの小泉政権でも，医療機器・医薬品は対日要望書に取り上げられ続ける．特に，小泉政権初めの2001年度には，医療制度に市場原理を導入し，病院や看護施設等での民間の役割の拡大を要望された．小泉政権の「平成の改革」以降，公立病院の数や病床数が削減されていく．

　創薬での研究開発競争で，政府の役割は重要である．国際競争で後れ

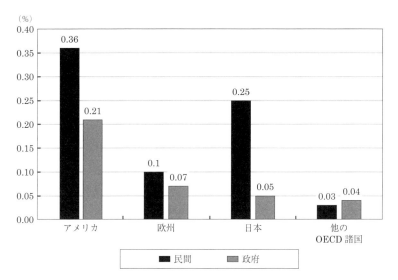

図6-1　医療・健康分野の研究開発投資（GDP比）

出所）OECD Main Science and Technology Indicators and Research and Development Statistics databases, 2018.

を取らず，国民の安全保障を維持するためには，医療の分野における研究開発投資は必要不可欠である．ここで，現代における政府の医療・健康分野の研究開発投資が，どの程度の規模であるかみておこう．

図6-1は，欧米諸国と日本の医療・健康分野への研究開発への政府支出予算を比べたものである．日本の場合，GDP比でみると民間の医療・健康分野への研究開発投資はアメリカに次ぐ高さであるにもかかわらず，政府の研究開発投資は極めて緊縮的であることがわかる．日本の政府支出は，OECD主要国のそれよりも低いのである．21世紀の医療の水準を今以上に保つためには，研究開発投資への政府支出の拡大は必要不可欠である．平成の間に削減されていった政府支出を回復させることを，再考するべき秋だろう．

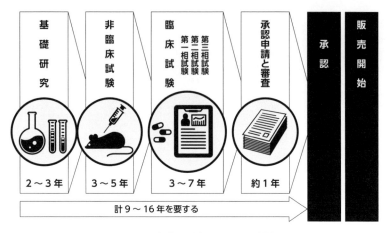

図6-2 新薬が誕生するまでの過程

出所) 日本製薬工業協会『製薬協ガイド2022』より.

3.7 製薬は研究開発が生命線

製薬産業は，他の産業と異なる特殊性がある．それは，高い研究開発費用（長い時間，高いコスト，高リスクが伴う），安い限界費用（ひとたび創薬すれば，製薬コストは1錠数十円程度の薬もある）である．1つの新薬を生み出すのには，長い時間がかかる．1つの新薬を作り出すのには9～16年の期間がかかるとも言われ，しかも成功確率は2万2000分の1であるとも言われる．さらに，必要な研究開発費は，3000億円以上もかかる（DiMasi, Grabowski, and Hansen 2016）．図6-2は，「製薬協ガイド2022」に基づいて，新薬が誕生するまでの過程を示したものである．基礎研究に2～3年かかり，動物や細胞などを用いた非臨床試験で3～5年，人を用いた臨床試験で3～7年もかかる．1つの製品を生み出すのにこれだけのリスクと時間がかかる，きわめて特殊な産業なのである．

製薬企業はリスクをとって，新薬を開発し，収益をあげたその資金か

ら次なる新薬開発のための研究開発投資を行っている．しかも，その研究開発投資額のうち，開発が成功せずに減損として計上されるものが多いわけである．製薬企業の実態は，医薬品の製造業であるが，さらに突き詰めると知的財産を創出する産業であると言える．製造業の重要性はここにある．モノづくりをすすめることで，イノベーションが起こり，技術料を売り物にでき，しかもそれは持続的なのである．日本はそもそもモノづくりの国であったのが，製造業部門を平成の間に海外に移転してしまった．製造業を重視する政策への転換は，今後の21世紀には重要となるだろう．

先進諸国では，医薬品産業を成長産業として位置付けている．それは国民・国家の健康増進にも役立つ．ひとたび，新薬を市場に出せれば，日本の場合は20年間のパテント（特許）を確保される．その期間は，創薬に成功した企業が大きな利益を得ることができる．1錠を製造するには，わずか数十円の薬もあるので，製造業の工場を国内移転することで，国内の雇用を生み出せる．

現在，新薬を開発するスタートアップの現状を見ると，製薬に対する日本政府の支援は脆弱である．図6-3を見てみよう．

新薬を市場に出すまでには，主に3つの段階を経なければならない．第一段階は，基礎研究．第二段階は，非臨床．この期間は動物や細胞を対象とした臨床実験を行う．第三段階は，臨床試験．この三段階を経たのち，製品開発へとこぎつけることができる．

日本の場合，公的資金による支援は，主として基礎研究と非臨床の段階までであり，臨床段階になると公的資金はほとんどないのが現状である．これに対して，アメリカの場合は，公的支援は基礎研究や非臨床の段階はもちろんのこと，臨床試験の段階にも及ぶ．

また，各段階でかかる費用もかなり異なる．基礎研究は数億円ほどの費用であるが，非臨床では数億〜10億円．臨床試験になると10億〜数百億円もかかる．

アメリカの場合，公的支援が潤沢にあるだけではない．非臨床の段階

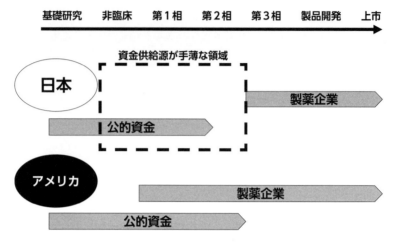

図6-3 新薬が誕生するまでの時間と費用の日米比較

出所）第34回製薬協政策セミナーより．

から資金を出すベンチャー・キャピタルも多く，製薬会社も臨床の早い段階から参画する．そのため，継続的に製薬開発を進めていく体制ができあがっている．これに対して，日本の公的資金は基礎研究の段階まではあるが，臨床段階になるとほぼない．

　これはノーベル賞の受賞者の研究の多くが基礎研究であるために，政府は基礎研究だけに資金をつぎ込めばいいと錯覚しているからかもしれない．実際は，市場に製品がでるまで継続した資金が必要なのである．日本政府の行うべきことは，製薬までの資金が枯渇している非臨床から，臨床試験の中期（第二相）まで，資金が枯渇しないように財政的支援をすることであろう．

　製薬における日本の財政的欠陥とアメリカの成功は，そのまま製薬業の世界的なプレゼンスにも影響を与えている．いまや医薬品市場における日本のプレゼンスは，年々低下している．これに対して，アメリカは圧倒的な優位を確立している．これはコロナ禍におけるワクチンが，すべてアメリカ産であったことでも実感として理解できるであろう．世界

の医薬品売上トップ30における日本産の医薬品の推移をみると，日本は2005年時点ではトップ30のうち6つの薬を輩出していた．それが2015年では2薬（クレストールとジレニア），さらに現在では1薬（オプシーボ）しかない．新薬の創出には常にイノベーションが必用であり，イノベーションのためには，絶え間ない資金投入が必須である．

財政的支援が日本は継続的ではなく，金額も足りないと指摘したが，もう一点指摘したい．それは，日本だけ医薬品市場が縮小しているということである．これに対して，他の先進諸国はどこでも，医薬品市場は拡大しており，成長産業として位置付けている．他の先進諸国では，医薬品産業への支出をコストではなく，国民の健康増進のための投資と考えている．

日本も医薬品市場を投資先ととらえて，継続的に成長するべく，資金投入する必要があるだろう．毎年の薬価改定は，イノベーションを停滞させている可能性が高い．薬価は今後10年間低下させずに，据え置くくらいで十分ではないだろうか．

3.8 神経は再生する——21世紀の医療

「いったん損傷した中枢神経の再生は困難である」と言ったのは，中枢神経の構造に関してニューロン説を提唱し，ノーベル生理学・医学賞を1906年に受賞したサンティアゴ・ラモン・イ・カハールの言葉である．20世紀末まで，「神経は再生しない」というのが定説であった．この定説が，札幌医科大学の研究チームによってくつがえりつつある．骨髄損傷で下半身不随となり，車いすや寝たきりであった患者が，わずか数か月のうちに立って歩けるようになっている．札幌医科大学と総合医療メーカーのニプロが共同開発した，再生医療薬「ステラミック注」を患者の静脈に投与すれば，患者の傷ついた神経そのものを再生させ，リハビリを数か月間続けることで起き上がり，手足が動くようになり，日常生活に復帰している．

厚生労働省もその効果を認めて，2019年にステラミックの保険適用を確定した．ステラミックは，患者の骨髄液から採取した間葉系幹細胞を2～3週間で1万倍に培養・増殖して，個人ごとにつくるオーダーメイドの薬である．患者自身の細胞を使用するので，感染症，免疫拒絶反応，倫理面などの諸問題はない．この薬を，患者の静脈に投与する．効果は，投与してから数日で現れる．人によっては，感覚が戻るものから手足が動くようになるまでさまざまであるが，患者の「神経が再生している」のである．自己骨髄由来の製品が販売承認されたのは，世界初である．

　現在，保険適用となる対象者は急性期の骨髄損傷の重症患者のみである．しかし，脳梗塞，脳損傷やアルツハイマーなどにも効果があることが，動物実験で明らかになっている．つまり，神経の中核である「脳」も再生させる可能性がみえているのである．

　患者の骨髄液から採取する「間葉系幹細胞」(MSC：Mesenchymal Stem Cell) とは，神経や血管，内臓など体のさまざまな組織に分化する能力を持った幹細胞で，普段は血流に乗って体内を循環しており，損傷部位があるとそこに自動的に集中して治す性質があるのがわかっていた．この性質を生かして患者の静脈に投与することで，効果を得ることができる．神経細胞は再生しないという医学の常識が，くつがえされつつある．前述のように，現在，保険適用される対象者は，急性期の骨髄損傷の患者だけに限られている．しかしながら，この夢の治療薬は，他の神経系，特に脳に関係する病気にも適応可能である可能性の高いことが，動物実験で明らかになりつつある．脳梗塞は78万人，アルツハイマーは79万人の患者が全国にいる（厚生労働省「患者調査」2020年）．だれしも，高齢になれば脳の衰えを感じるだろう．しかし，「脳」も再生する時代が到来しつつある．

4. お金の問題

　ここからは，医療に必要な財源の話をする．医療に必要な財源は，医療財源と呼ばれており，大きく分けて保険料と税金の2つがある．日本，ドイツ，フランスなどの国は，保険料を主な財源としてきた．北欧諸国やイギリスと，旧イギリス連邦諸国であったカナダ，ニュージーランドなどの国々は，税金を主な財源としてきた．さて，保険料を財源とする社会保険制度では，保険料を支払った人が医療サービスを受ける権利があるということになり，保険料を支払っていない人にはその権利がないことになる．つまり，保険料は権利と結びついている．一方，税金を財源とする社会保険制度では，だれでも医療サービスを受けることができ，権利とは結び付いていない．

　21世紀の現在ではどの先進諸国も，保険料や税金だけでは医療の財源としては十分ではなく，公債を発行して足りない分を補っているのが実情である．このことは，国民への医療提供は国家が保障するということを意味しているのである．市場主義をとっているアメリカでさえも，低所得者や高齢者向けの公的保険があるが，税金だけで賄うのではなく公債を発行して補っている．最近の文献では，税と公債を合わせたものを「公費（税・公債）」という名称の財源として取り扱うようになっているので，ここでもそのようにする．

　日本の医療の財源は，基本的には医療サービス（診察や投薬，手術など）を受けた時に支払う「患者窓口負担」以外に，「保険料」と「公費（税・公債）」から成り立っている．この割合が，医療保険制度間で異なる．ここでは，最初にどの財源の割合を増やすべきかを考えてみる．

　図6-4は，主な公的医療保険（介護保険を含む）の財源別の保険料と，公費（税・公債）の割合の概要を示したものである．患者自己負担分を除いているので，保険料と公費のみの比率を示してある．グラフを

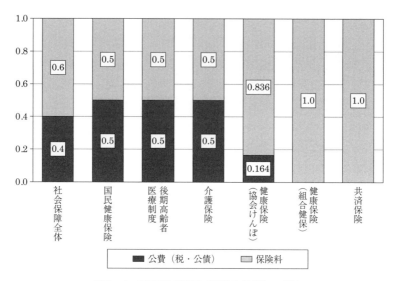

図 6-4 制度別の財源（保険と公費）の割合

出所）厚生労働省「社会保障制度改革の全体像」，平成 26 年予算ベースより．

　見て，最初に気づくのは，いくつかの公的医療保険は「保険料と公費」の割合が「1：1」となっていることである．例えば，国民健康保険，後期高齢者医療制度，介護保険は，すべて「1：1」の割合である．社会保障費の予算総額は，2040 年頃が高齢化のピークといわれているが，今後毎年 1 兆円まで増加していくと見込まれている．もしこのまま多くの制度で保険料と公費の負担比率が「1：1」のままであるならば，保険料は毎年増加していかざるを得ないことになるだろう．しかし，国民は耐えられるのだろうか．保険料はいわば，国民にとっては税金と同じである．事実，欧米諸国では社会保険料は「税金」として取り扱われている．保険料が増えていくことは，税負担が増えるのと同じで，国民の負担率が上昇していくことを意味する．結論から言えば，今以上に「公費」の割合を増やしていくべきだろう．

　社会保障費全体の負担は，保険料 64.1 兆円（59.9％），公費（税・公

債）42.9兆円となっている（2014年ベース）．公費の内訳は，約3割が国の一般会計，約1割が地方の一般財源からとなっている．お金に色はついていないので，国の一般会計からであるというのは，税と公債（国債）によって賄っているということである．公債による社会保障費の支えが，今後も重要となるだろう．公債の中でも，国債は「円」で売買されているので，自国通貨「円」を発行できる政府が，国債を買い支えることができずに破綻することなどはあり得ないことを付言しておく．すでに自国通貨建て（ドル，カナダドル，ポンドなど）で国債を発行している他の先進諸国は，国債を発行して「公費」で財源をまかなっている．ここで国債の問題を論じるのは，本書の目的を超えるのでこれ以上は述べないでおくが，詳しくは，ステファニー・ケルトン著『財政赤字の神話』などを参照されたい．

　保険と公費の比率を，今よりも「公費の割合を増やす」ことは十分可能だろう．さらに言えば，公費の中でも国による出資，つまり国債を財源とした出資割合を増やすことは，社会保障全体を充実したものとするためには是非とも検討・推進していくべきである．事実，医療の制度間の財政の現状を見ると，近年は，最も資金が潤沢であった組合健保にも公費が投入されている（厚生労働省「医療の制度別財政の概要」）．

4.1　医療制度間を渡り歩く

　医療システムの関係者は，主に3つである．それは患者，保険者，医療提供者である．医療提供者は，医師や病院など医療機関のことである．保険者というのは保険料を徴収して，医療機関に償還・給付する組織のことである．日本では，健康保険組合，全国健康保険協会（協会けんぽ），国民健康保険（国保），後期高齢者医療広域連合などがある．それぞれの保険に所属する加入者から保険料を徴収するわけであるが，加入者が高齢で病気がちな人もいれば，健康でお金持ちの人もいる．主な公的医療保険とそれぞれの加入者（2021年時点）をまとめたものが，表

表6-1 医療保険の運営主体と加入者数

(万人)

運営主体	加入者数
後期高齢者医療広域連合	1,800
健康保険組合	2,880
全国健康保険協会（協会けんぽ）	4,040
共済組合	850
市町村（国民健康保険）	2,930

出所）「令和3年版厚生労働白書」より作成．

6-1である．

　75歳になると全員が後期高齢者医療制度に加入する．その加入者数は今や1800万人である．74歳までの国民は，基本的にそれ以外の医療保険に加入している．ただ，その中には，財源が貧弱な制度もあれば潤沢な制度もある．その制度間で財政調整して（潤沢な制度から貧弱な制度へ資金を支援して），支えあっているのである．これは実にうまくできた制度である．財政上うまくいっているだけではなく，われわれ個人の視点からみても大変うまくいった制度であると言える．なぜなら，われわれはだれしも，この制度間を渡り歩いて人生を過ごすからである．例として，大企業勤めのサラリーマンの場合と，中小企業の事業主の場合を見てみよう．

　大企業勤めのサラリーマンAさんの場合，自分の勤める大企業を65歳で退職したのち，関連企業（中小企業）に転職し，その関連企業を70歳の時に退職し，その後は悠々自適の生活を過ごすとする．

　この場合，Aさんの加入する公的医療保険はどのように変化するのだろうか．まず，Aさんは65歳までは「健康保険組合」に加入しており，65歳の退職時に「健康保険協会（協会けんぽ）」に移動する．その後，関連企業を退職した70歳には「国民健康保険」へと移動する．さらに，75歳で「後期高齢者制度」に移動するわけである．つまり，「健康保険組合」⇒「健康保険協会（協会けんぽ）」⇒「国民健康保険」⇒「後期高齢者制度」と4つの保険を渡り歩くのである．大企業在職時に

は，高い保険料を支払っていたかもしれないが，後期高齢期になると，現役世代の支払った保険料と公費によって支えられているのである．

次に，中小企業の事業主Bさんの場合，自分の経営する会社を70歳の時に引退し，その後は悠々自適の生活を過ごすとする．Bさんの場合，現役時は「健康保険協会（協会けんぽ）」に加入しており，70歳で引退したときには「国民健康保険」へと移動する．その後，75歳で「後期高齢者制度」に移動するわけである．ここでも，「健康保険協会（協会けんぽ）」⇒「国民健康保険」⇒「後期高齢者制度」と3つの保険を渡り歩くのである．

しばしば，後期高齢者の医療費はかかりすぎているので，自己負担を増やして，できるだけ現役世代の負担を減らすべきであるという意見を耳にする．しかし，この意見は現役世代がやがて高齢期になったときに，自分の首を絞めるだけであることがわかる．我々は制度間を渡り歩いて生きていくのであるからだ．

4.2 自己負担と自己責任論

平成の時代に「自己責任」という言葉をよく耳にするようになった．昭和の時代には，それほど多く耳にすることはなかった言葉だ．医療や介護のお金の問題を考える際に，国民の考えや意思は重要である．

自己負担割合は，「自己責任」をお金の面でどう取り扱うべきかを示した代表的なものだと言える．70歳以上の患者自己負担割合に焦点をあてて，それがどのように推移してきたかをみてみよう（図6-5）．

後期高齢者医療制度ができたばかりの患者自己負担割合は，全員一律「1割」であった（2001年1月）．しかし，翌年（2002年10月）には「現役並みの所得」がある後期高齢者は，「2割」負担となる．さらに4年後（2006年10月）には，「3割」負担となる．さらに，それ以外（現役並みの所得がない）の人の自己負担割合も，「一定以上の所得がある」場合は，2022年10月から2割負担となった．結局，75歳人口比で見て，

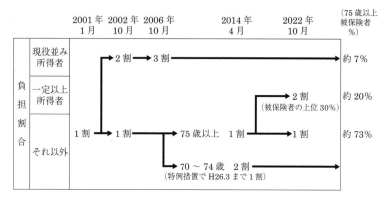

図 6-5 医療保険の患者負担の推移（75 歳以上の高齢者）

出所）厚生労働省．

7% は「3 割」，20% は「2 割」，73% は「1 割」負担となっている（2022 年 12 月）．

70 歳以上の高齢者の自己負担は，今後は「一定以上の所得」がなくても一律 2 割負担にしようとする動きがある．その背後にあるのは「一定以上の所得」がある人はそれなりの自己負担をすべき，という考えであろう．しかし，財政とはそもそも財政民主主義が原則であり，国民の考えや意思が反映したものでなくてはならないであろう．

高齢者を「支えられる側」から「支える側」へと主張する論者は，自己責任肯定派である．こうした論者は平成の時代には主流派であったであろうし，現在もかなり幅をきかせている感がある．しかし，財政の基本は「財政民主主義」である．国民の声を反映したものでなければならない．われわれが独自に行った調査結果で，国民の考えをみてみることにする．

4.3 これ以上の負担に耐えられない

平成の間，一定以上の所得がある個人では，70 歳以上の高齢者の患

表6-2 医療・介護費の増分は，政府の財政赤字でまかなうべき

(％)

	賛成	反対
全体	30.6	16.0
20代	20.3	17.1
30代	24.1	13.4
40代	27.0	15.5
50代	32.3	15.3
60代	38.5	16.9
70代	40.7	17.7

注）「どちらでもない」の回答は除く．賛成：「賛成」+「どちらかというと賛成」．反対：「反対」+「どちらかというと反対」．
出所）独自アンケート結果より．

者自己負担は1割から2割へ倍額になった．国民は，保険料や自己負担のさらなる増額を受け入れるのであろうか．

われわれは，独自のアンケート調査を行い医療・介護費に対する国債の使用に対する賛否を尋ねた．結果は，表6-2に示したとおりである．

結果をみると，全体では賛成がダブルスコアで反対を上回っている．特に，60代・70代の年齢層では，およそ4割の人々は賛成である．質問票では「政府の財政赤字でまかなう」と印象を悪くするような文言を使用しているにもかかわらず，賛成が多数という結果であった．

まとめると，日本人は医療・介護費への負担増に対して，政府の負担増でまかなうことを望んでいる人も多く，特に高齢者層ではその傾向が強い．健康状態や所得などをコントロールしたうえで，年代による差があるか調べた結果，統計的にも差がある（賛成派が反対派を上回る）ことがわかった．また，若年者にくらべて，高齢者は政府の財政負担を強く求めている割合が有意に高かった．

高齢者は，これまで日本の社会をささえてきた人々であり，安易に自己負担増を求めるべきものではないだろう．国民は，政府赤字となっても，政府の負担増を望んでいることがうかがいしれる（アメリカにおける医療費の国民負担，さらには国民皆保険制度の賛否を国民選好度で分析したものとしては，Akaichi, Costa-Font, and Frank（2020），イギリ

スにおける介護保険の国民負担の国民選好度で分析したものとしては，Lu, Burge, and Sussex（2021）がある）．

4.4 戦略としての医療費拡大

ここでは医療費を定率で上昇させていくことで，どのようなメリットがあるのかを少し述べてみたい．公的医療保険から医療機関や調剤薬局に支払われる診療報酬の点数は，原則として2年に1度改定が行われている（薬価のみ毎年改定）．診療報酬は主に3つの部門からなる．それは，医師や職員の人件費・技術料などに当たる「本体部分」と，「薬価部門」「医療材料部分」である．医療費の予算獲得というのは，政治力の大小で大きく影響を受ける．3つの支出先のうち，最も政治力が弱いのはどの項目であろうか．

図6-6は，2000年から約20年間の医療費の増減率の推移を示したものである．医療費の本体部分（主に人件費）は，ほぼ横ばいか増額であるにもかかわらず，薬価だけは毎年減額となっている．薬価は，年率平均3.1%の下落率である．もし，本当に薬剤費が過剰であれば，減額され続けるのも正当化されるだろう．しかし，国の予算の中で，悪者扱いされ続けてきたのが「社会保障費」であり，その中でも「医療費」がターゲットになり，その中でも「薬剤費」がターゲットになってきたのが現状である．

日本の製薬の製薬市場における立ち位置の現状を見てみよう（厚生労働省「医薬品産業ビジョン2021」より）．世界の製薬市場の売上高上位30品目で，日本のプレゼンスは低下してきたことをすでに述べたが，これを上位100品目に拡張しても，結果は同様のものである．内訳は，1位アメリカ49品目，2位スイス10品目，3位日本9品目となっており，アメリカが圧倒している．日本は2017年には12品目，2018年には10品目を占めていた．つまり，年々日本はトップ100品目に占めるシェアを減らしている．これで安全保障上の問題はないのだろうか．確かに，

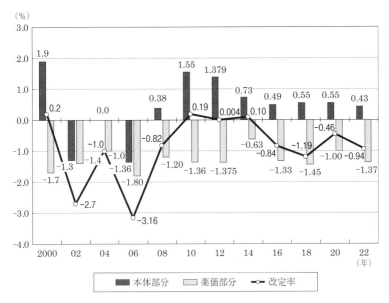

図6-6　医療費の本体部分・薬価部分の増減率と改定率の推移

出所）財務省資料より作成．

　薬剤費は医薬品の使用量の増加や新規薬品の保険収載によって，2000年比でみるとこの20年間，年率平均2.3％で上昇している（財務省2021）．しかし，薬価改定率をマイナスに抑え込むことで，製薬会社の創薬に対するモチベーションが削がれているのは事実である．日本の創薬におけるモチベーション確保と，医薬市場における地位向上のためには，薬価をマイナス改定するのをやめて，前年比±ゼロ改定に変更すべき決断が必用だろう．前年比±ゼロ改定であれば，2000年からの平均上昇率は5.4％（3.1％＋2.3％）となる．製薬市場をアメリカに圧倒されることなく，日本の立ち位置を維持していくためには，この数値は決して大きな数値ではない．

　医療器材についても述べたい．日本は人口当たりのCTスキャナやMRIといった医療器材の設置台数は，アメリカを抜いて主要国中1位

164　第Ⅲ部　セーフティネットの構築と財源

である．これは，宮澤・クリントン以降に制度づけられた，アメリカ政府からの「年次改革要望書」に影響を受けていることは否定できないだろう．アメリカは，自国の医療機器を日本で受け入れるように要望してくるわけである．しかしながら，日本国内には医療機器に対する継続的な需要があるのも確かである．図6-7は，医療機器の輸出入額の推移を示したものである．医療機器の日本での需要は大きいにもかかわらず，その多くは輸入に頼っている．2010年以降輸入額は徐々に上昇し，今や3兆円近くにも達している．一方の，輸出額も近年上昇している．アジア近隣諸国の高齢化の進展，新興国の国際需要の拡大を受けて，医療機器のグローバル市場は今後も拡大傾向となると予測されている（経済産業省「医療機器・ヘルスケア産業政策について令和元年」資料より）．

我々が行った独自調査の結果からも，国民は「医療・介護の質の向上」を最も優先順位の高いものとして位置付けていた（表6-3）．医療・環境・マーケティングなどの分野で広く使われているベスト・ワー

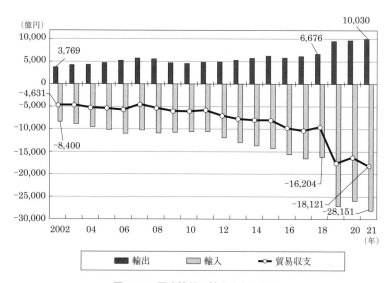

図6-7　医療機器の輸出入額の推移

出所）厚生労働省「薬事工業生産動態統計」より作成．

表6-3 ベスト・ワーストスケーリング（BWS）分析による結果

順位	item	total best	total worst	B-W score
1	（医療・介護の）質の向上	1,973	746	1,227
2	費用と効果	1,682	998	684
3	財政上の持続可能性	1,597	1,084	513
4	支払い能力格差の解消	1,522	1,260	262
5	世代間格差の解消	1,236	1,400	-164
6	地域間格差の解消	1,018	1,482	-464
7	利用者を増やすこと	513	2,581	-2,068

注）「B-W score」＝［total best］－［total worst］
出所）独自アンケート結果．

ストスケーリング（Best-Worst Scaling）という方法で，以下の7項目の優先順位を求めた．複数の組み合わせ（ここでは3つ）のうち，最も重要と答えた合計が一番多いのは「質の向上」であった．

「質の向上」は，「費用と効果」や「財政上の持続可能性」よりも大きい．ただし，個人間の相違もある．若者は高齢者ほど「医療・介護の質の向上」を重視していない，という世代間の違いもある．

医療はイノベーションの著しい分野である．国民は医療・介護での研究開発投資による質の改善を望んでいる．政府は積極的に戦略として，医療への支出を拡大していくべきだろう．

4.5 マクロ戦略としての医療費拡大

最後にマクロ経済的にみて，政府支出の積極拡大は重要であることを述べたい．政府の一般予算は，どの先進諸国でも増加している．経済成長率と政府支出は正の関係にあることが知られている．しかしながら，先進国の中でこの25年間ほとんど政府の一般予算が増加していない国，それが日本である．図6-8は，G7（主要7か国）の1995年と比べてみて，2020年時点の政府支出とGDPがそれぞれ何倍になったのか，2つの変数の関係をみたものである．これをみると，3つのグループに分けることができる．1つ目は，GDPが大きく上昇した国，これはイギ

166　第Ⅲ部　セーフティネットの構築と財源

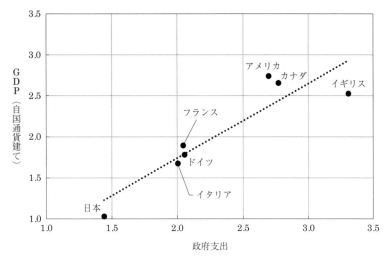

図6-8　政府支出とGDPの関係（G7諸国：2020/1995比率）
出所）IMF.

リス，アメリカ，カナダである．2つ目は，GDPの上昇が中ぐらいの国，これはイタリア，フランス，ドイツの欧州諸国である．3つ目は，GDPがほぼこの25年間横ばいで全く上昇していない国，これが日本である．そして，このGDPの上昇と政府支出の拡大には，正の相関関係があることが読み取れる．

4.6　社会保障悪者説

　日本政府の一般歳出予算を令和3（2021）年と令和4（2022）年で比較すると，約1兆円増加しており（106兆6000億円⇒107兆6000億円），そのうち最も大きな金額の増加をしている項目が「社会保障費」である（約4300億円増加）．社会保障費は今後も，高齢化がピークを迎える2040年頃までは増加せざるを得ない．もし，一般会計の歳出予算総額の増額を抑えるなら，他の項目（公共事業費や防衛費など）の増加を抑

える必要性がでてくる．他の経費の増加を押さえつけるのが社会保障費となると，社会保障が悪者扱いされることになる．平成の時代には，一般会計歳出予算は抑え続けられてきた．その間，社会保障費は悪者扱いされてきたと言える．

図6-8を見ればわかる通り，他の先進諸国は政府支出を大幅に増加させてきたのである．OECD諸国全体でみると，政府支出予算の増加率の中央値は5%である．もし，日本もこの増加率を採用するなら，令和3年から令和4年へは5兆3300億円の増額となっているはずであった．日本の政府支出拡大幅は，あまりにも小さいと言える．日本は，たとえ「政府の赤字」が拡大しても，政府支出を欧米諸国並みの5%程度まで拡大していく秋ではないだろうか（政府部門の「赤字」は，それ以外の「民間部門」の黒字である．詳しくは，先に挙げたステファニー・ケルトン著『財政赤字の神話』を参照）．

医療需要があるということは，政府が積極的に投資する確たる投資先があるということを意味する．特に，医療の分野での研究開発投資は，今後の日本のプレゼンスを維持して他の先進諸国と競争していくには重要である．民間研究開発投資に対する政府支援の対GDP比率を，日本と他の国で比較したものが図6-9である．

日本は政府の民間投資への支援が大きく見劣りするのは事実である．この図で一番政府支出が積極的なイギリスの財政事情について述べて，この章を締めくくることにする．

イギリスでは，政府予算の一般会計から医療費はまかなわれている．そのため「税」による社会保障を運営している国の代表として，しばしば取り上げられる．実際，イギリスは特定財源でなく一般財源で医療費をまかなっているのである．

イギリスの会計は，毎年歳入を歳出が上回っているので，それを埋め合わせる分は公債を発行しているのである．つまり，イギリスでさえ，税だけではなく公債で医療費は埋め合わされている．つまり，医療費の財源は「税」だけではない．「税と国債」なのである．

168　第III部　セーフティネットの構築と財源

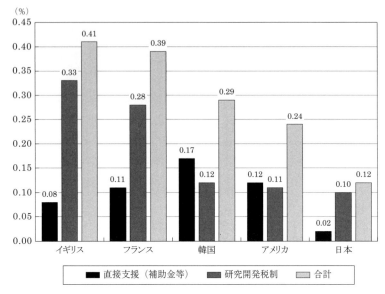

図6-9　民間研究開発に対する政府支援の対GDP比率（2019年）

出所）OECD.

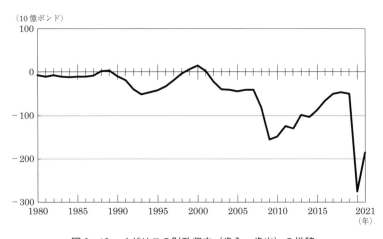

図6-10　イギリスの財政収支（歳入－歳出）の推移

出所）IMF, World Economic Outlook Databases.

図 6-10 は，イギリスの財政収支（歳入－歳出）の推移を示したものである．財政収支は 2000 年代以降マイナスとなり，公債発行にたよるようになっている．特に，2010 年代以降は公債依存を高めることで，経済の減速に柔軟に対応しているのがわかる．

　イギリスの強みは通貨発行権であり，自国通貨建て（ポンド建て）国債を発行できる点がある．再びここで図 6-8 をみてみる．主要 7 か国のうち，第一グループにある国（イギリス，アメリカ，カナダ）は，どの国も通貨発行権があり，自国通貨建て国債を発行している．これに対して，第二グループにある国（イタリア，ドイツ，フランス）は，通貨発行権を放棄した国である．日本もイギリス同様，通貨発行権があり，自国通貨建ての国債を発行しているが，その規模は少なすぎるということが示唆される．アメリカやイギリスにならった政策転換が必要な時期であろう．

■コラム4　医療・介護問題の優先順位分析
——ベスト・ワーストスケーリング（Best-Worst Scaling）による分析

　ベスト・ワーストスケーリング（BWS）は，Finn and Louviere (1992) で開発された分析法で，現在では医療，環境，マーケティングなどの分野で広く使われています（Mori and Tsuge 2020 など）．

　アンケート調査を通じて，回答者は選択肢の中から「最高 (best)」と思うものと「最低 (worst)」と思うものを選択します．アンケートでは，各選択肢が同じ回数登場し，かつ他の各選択肢との組み合わせが同じ回数登場するように設計されています（Balanced incomplete block design, BIBD）．

【医療・介護問題の計測結果】
　以上の計算の仕方で，7つの項目で国民の優先順位の分析を行いました（表6-A）．

表6-A　医療・介護問題における国民の優先順位

	項目
1	財政上の持続可能性
2	利用者を増やすこと
3	（医療・介護の）質の向上
4	費用と効果
5	支払い能力格差の解消
6	地域間格差の解消
7	世代間格差の解消

【計測結果】
⇒ ・1位は「（医療・介護の）質の向上」
　・2位は「費用と効果」と続く．
　　（前掲表6-3，図6-A）

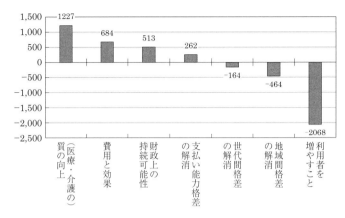

図6-A　BWS分析によるB−W scoreの結果

　つまり，国民は医療や介護の質が今以上に向上するように，技術革新を望んでいます．医療・創薬の分野では研究開発投資の促進，介護の分野では人の力だけではなく，機材・自動化が望まれるでしょう．

世代間で結果は異なる

　個人がどのような回答をしたかわかるので，個人属性で結果に多少の違いが出てきます．例えば，年代，性別，学歴などで優先順位に違いが出ます．その違いをまとめたものが，表6-Bです．

表6-B　個人属性別のB−W scoreの差

順位	項目	若者−高齢者	女−男	高卒−大卒
1	（医療・介護の）質の向上	−0.58 ***	−0.10	−0.20
2	費用と効果	0.15	−0.05	−0.19 **
3	財政上の持続可能性	−0.22 ***	−0.30 ***	−0.28 ***
4	支払い能力格差の解消	0.01	0.10	0.29 ***
5	世代間格差の解消	0.29 ***	−0.01	−0.01
6	地域間格差の解消	−0.04	0.23 ***	0.28 ***
7	利用者を増やすこと	0.40 ***	−0.25 ***	−0.19 **

注）有意水準は，***1%，**5%．

例えば，若者と高齢者では「医療・介護の質の向上」については，マイナスで有意となっています．これは，若者は高齢者ほど「医療・介護の質の向上」を重視していない，ということを意味しています．これにたいして，若者は高齢者よりも「世代間格差の解消」を重視していることがわかります．

　学歴の違いを見ると，高卒以下の学歴の人たちは，大卒以上の学歴の人に比べて，「地域間格差の解消」を重視していることが興味深いです．

第7章 介護と財源

はじめに

　人はどのように老いるのか．秋山弘子東京大学名誉教授は，全国から無作為に抽出された約6,000名の高齢者の生活を20数年間追跡調査し，その結果をまとめている．1987年から3年ごとに，同じ高齢者に同じ質問をしている．1987年の調査で最も若かった60歳の調査対象者は，2006年の7回目の調査では80歳になっていた．対象者の大半は大正生まれ，まさに団塊の親世代である．この調査結果によると，人の老い方は男女で大きく異なる．図7-1は，調査結果を単純に図示したものである．

　男性の約1割の人は，80〜90歳までほとんど身体機能は衰えず，あるとき死亡する（男タイプ1）．このタイプの人には，さほど医療・介護費用がかからない．7割の人は，後期高齢期の75歳になった頃から徐々に身体機能が衰えて死に至る．ただ，後期高齢者になるまでは，ほぼ現役時代と変わらない活動ができる（男タイプ2）．このタイプの人の場合，後期高齢者になるまでは，さほど医療・介護費用がかからない．残り2割の人が60代頃から急激に身体機能が衰えて，70代になると死亡するか，介助がなければ生活できないようになり死亡する（男タイプ3）．この3タイプに大きく分けられる．「男タイプ3」の人には，ある程度の医療・介護費がかかることになる．

　一方，女性の場合は，2タイプに分けられる．大半の女性，およそ9

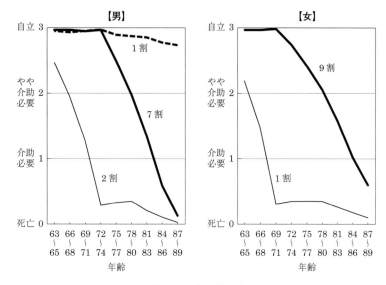

図7-1 人の老い方

出所)秋山(2010).

割の人は,70歳代前半から徐々に身体機能が低下していき死に至る(女タイプ1).残り1割のタイプは,男性の3つ目のパターンと同じである(女タイプ2).つまり,60代頃から急激に身体機能が衰えて,70代頃には死亡するか,介助がなければ生活できない.タイプ別に人を特定化し,早い時期にきめ細かい対応をすることが,今後は重要な政策課題となるだろう.

　しかし,こうした老い方を次の世代である団塊の世代も,そしてその次の世代である団塊ジュニアの世代もできるのだろうか.特に,団塊ジュニア世代が今の人生100年時代に,祖父母である団塊の親世代と同じような老い方をできるとは考えにくい.その理由をあげてみたい.そもそも食生活や社会環境が異なる.この章では,前半で団塊ジュニア世代の介護の問題を,後半では介護保険創設までの議論と介護保険の財源の問題を取り上げる.

1. 食生活の変化

1.1 食の変化

21世紀になって，日本人は80歳や90歳まで普通に生きられるようになり，劇的に寿命が延びた．しかしながら，21世紀になって100年の長寿を享受している世代は団塊の親世代であり，それ以降の世代が同じような人生を享受できるとは限らないのである．

第一に，食生活が異なる．団塊の親世代は，幼少期から20代30代になるまでは，現代よりも粗食で牛豚肉などの摂取量は格段に少量であった．また，日中戦争，太平洋戦争という戦時下で食料は制限されていた．戦後，日本が豊かになるにつれて食生活も徐々に豊かになっていったわけである．

団塊の世代も幼少期はまだまだ日本が貧しい状況で，食事もコメ，野菜，魚が中心であった．これに対して，団塊ジュニア世代は異なる．生まれた頃は1970年代であり，高度経済成長期のあとの日本であり，経済的にも豊かになっていた時期である．しかし，団塊ジュニア世代が中年期となった21世紀の日本では，貧富の格差と経済停滞が続き，食事も十分にとれない貧困層が生まれていた．

ここで，日本人の食生活の変化を見てみよう．日本人の食は，戦前から戦後にかけて多様化していった．図7-2は，実際に1人の1日当たりに口に入る量を算出した供給量のうち，たんぱく質の主要な供給源をグラフにしたものである．

1911～1915年（明治44～大正4年）頃の日本人は，たんぱく質は主に「米」「雑穀」「大豆」から摂取していたことがわかる．この頃は魚介類でさえ，1日1.8グラム程度のたんぱく質をとる量しか摂取していなかったのである．

それが戦後，食は多様化する．「米」からとる量は減少し，それに代わって「小麦」「魚介類」など摂取する品目が多様化していることがわかる．ただ，1960年時点では，まだそれほど「肉類」「鶏卵」「牛乳・乳製品」の摂取量は多くない．2020年時点になると，「米」の摂取量を大幅に減らして，その代わりに「肉類」「鶏卵」「牛乳・乳製品」の摂取量は多くなっている．

　日本人の寿命は戦後大幅に長くなったが，食は多様化し欧米化した．それはたんぱく質の摂取先として，「植物性」から「動物性」たんぱく質に大きくシフトさせたこととも関連している可能性が高い．実際に，この間の日本人のたんぱく質の摂取割合の推移を示したものが，図7-3である．これは，日本人の摂取する全品目のなかで，たんぱく質の摂取量だけの内訳を示している．1911～15年時点ではたんぱく質の摂取量のうち，「動物性」のそれはわずか5％であった．それが，1960年には28％となり，2020年には日本人は過半数を「動物性」たんぱく質から摂取するようになったのである．

　コーネル大学のコリン・キャンベル名誉教授は，動物性たんぱく質の摂取はガンの発症確率を高めると指摘している（キャンベル 2016）．キャンベル氏は，同じ量のたんぱく質でも，動物性と植物性のものとでは，ガンの発症確率が異なることを，長年にわたる「健康と栄養」に関する研究成果に基づいて指摘している．特に，「動物性たんぱく質」の源泉としての「肉類」や「牛乳・乳製品」と，ガンの発症の因果関係を指摘している．

　日本人は，1960年時点までは，「肉類」「鶏卵」「牛乳・乳製品」などの食品はほとんど摂取していなかった．1960年当時の主なたんぱく質の摂取の源泉は，「米」と「魚介類」であった．食の変化とともに，新しい病気の発症が予想できる．

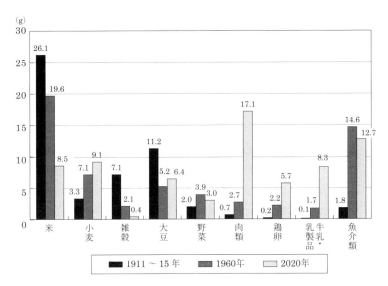

図7-2 たんぱく質供給量（1人1日当たり）

注）純食料供給量とは，加工向けや飼料向けなどを除いて，実際に口に入る量を算出したものである．
出所）農水省「食料需給表」，「食料需給に関する基礎統計」より作成．

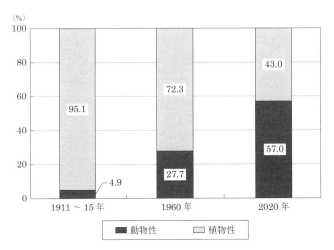

図7-3 日本人のたんぱく質摂取量（1人1日当たり）

出所）農水省「食料需給表」，「食料需給に関する基礎統計」より作成．

表7-1 食料・医療・現金が欠乏している人の割合

(％)

	十分な食料・飲料がない	薬や治療を受けられない	現金収入がない
全体	9.5	7.4	12.8
20代	15.8	12.6	17.6
30代	12.5	10.7	17.9
40代	10.6	9.7	12.8
50代	10.9	7.0	11.4
60代	5.2	3.5	11.7
70代	2.2	1.3	6.1

注)「頻繁にある」+「ときどきある」の割合.
出所)独自アンケートによる.

1.2 食事にこと欠く若者

　大正期から21世紀の現代まで,日本人の食が多様化してきたことは確認できた.しかし,食の多様化を享受できる人々がいる一方で,日々の食にさえこと欠く人々も出現してきたのである.表7-1は,食,医療,現金に欠乏している人の割合を年代別に示したものである.60代以上で食や医療に欠乏する人の割合はわずか数％である.

　これに対して,20代では食にこと欠く層が7人に1人の割合で存在する.この事実は,1990年頃に「ジャパン・アズ・ナンバーワン」と言われていた時からおよそ30年間の政策の誤りを暗示しているのではないだろうか.

1.3 成人病との闘い

　日本人は,戦後の高度経済成長期後に,食を多様化・欧米化することで栄養状態を改善して長寿を得てきたが,代わりに新しい病と闘わなければならなくなったとも言える.図7-4は,戦後の日本人の主な死因別の死亡率の推移を示したものである.

第 7 章　介護と財源　179

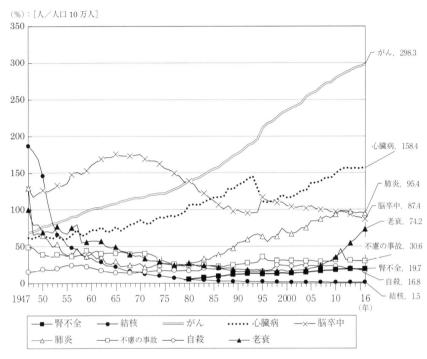

図7-4　日本人の死亡率の推移（人／人口10万人）

出所）厚生労働省「平成30年わが国の人口動態」より．

　終戦後の1950年頃までは，日本人の死因の第1位は結核であった．死の病と言われた結核だが，第二次大戦後に抗生物質のペニシリンが実用化されたことで，「不治の病」から「治療可能な感染症」となり，現在ではほとんど克服されていることがわかる．これに代わって増加したのが，がん，心臓病，脳卒中といった成人病である．日本人の主な死因の座は，戦前に猛威をふるった感染症から，戦後はがんをはじめとする成人病へと移り変わっていった．イギリスの疫学者トーマス・マキューンは，社会環境と病気の変化を述べている．産業革命後の人口密度と劣悪な衛生状態が疫病を引き起こし，その後の衛生状態の改善と栄養摂取の過多が成人病の台頭をもたらしたとする（マキューン 1992）．近年は，

がんで亡くなる人数が急激に上昇している．こうしたことから，団塊ジュニア以降の世代が自分たちの親の世代，さらには祖父母の世代のように，その多くが人生100年時代を享受できるとは考えられないのではないだろうか．

2. 家族構造の変化

2.1 生涯未婚者の増加

　団塊ジュニア世代が100年の寿命を享受できないのではないかと考える一つの理由は，家族の存在である．大正期，昭和，平成，そして21世紀の現代までに，大きく変化したことがある．それは，生涯未婚の人たちが急拡大してきたことである．図7-5は，50歳時の未婚割合の推移を示したものである．

　未婚率は，1990年頃までは男女とも数％に過ぎなかった．ほとんどの男女は結婚していたのである．そのために団塊世代は，大正期からの日本人のライフスタイルを継承している人たちがほとんどである．しかし，21世紀に入ってから，50歳時点でも独身である人は，男性では約3割，女性では約2割となってしまった．雇用形態別に分析すると，非正規雇用の未婚率はさらに跳ね上がり，2020年の国勢調査では男性非正規の場合，独身の割合は6割を超える．つまり，経済的現実が生涯未婚者を増やし，伝統・文化・社会規範を引き継いでいくというこれまでの日本人のライフスタイルを破壊している．正規ではない非正規職の男性の未婚率が高いのは，やはり就職氷河湖に緊縮財政を継続し，若者の職を奪っていったことが関係すると考えられる．若者の健康を害する政策から，若者に職を提供し健康を増進する政策へと転換する必要が急務である．

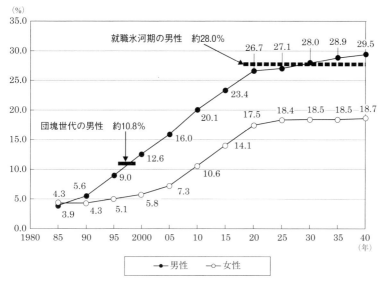

図7-5 50歳時の未婚割合の推移

注）団塊の世代と就職氷河期世代の男性の値はそれぞれ，1990～95年と2020～40年の平均値．
出所）国立社会保障・人口問題研究所「日本の世帯数の将来推計（全国推計）」．

2.2 親の存在

　人生で親の存在は大きい．大正期，昭和，平成，そして21世紀の現代までに大きく変化したもう一つのことがある．それは，親の経済的支援で生計を立てる若者が増加したことである．1990年頃までは，男女とも未婚率は数％に過ぎなかったと述べたが，それは結婚後は親から独立し，生計を立てる若者が大半であったということである．しかし，就職氷河期に社会に出ることを余儀なくされ，経済的困窮と将来への不安のなかで未婚のまま親の経済的援助のもとで生計を立てる人が増加した．団塊ジュニア世代は，親の経済的援助を受ける人が多くいる不遇な世代の走りと言える．

　団塊ジュニアの親の介護問題は2020年代から始まり，2030年にはど

182　第III部　セーフティネットの構築と財源

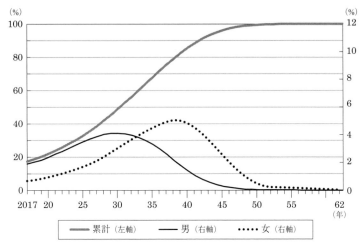

図7-6　団塊ジュニアの親の生存分布

出所）厚生労働省「第22回生命表」より推定（父28歳，母25歳で1971年生まれの団塊ジュニアを出産と仮定している）．

ちらかの親が亡くなる．図7-6は，厚生労働省の「生命表」に基づいて，団塊ジュニアの父親と母親の死亡率の推移を予測した結果である．左軸は，父親と母親の合計の累積死亡率を示している．これを見ると，50％の確率で死亡するのは2030年頃となる．つまり，2030年には，父親か母親のどちらかがすでに死亡していることになる（数値から父親の方が早く亡くなる）．

　右軸は，父親と母親の死亡率を示している．これを見ると，父親の死亡率が一番高いのは2030年なのであるが，父親の累積死亡率を計算すると半数（50％）が亡くなるのは2026年となる．この年までに多くの団塊ジュニアは，自分の父親の死を受け入れなければならない．さらに，この数年前から父親の介護の問題が顕在化する．父親が，ほとんど身体機能は衰えずにあるとき突然死亡するようなタイプ（男タイプ1）の人であれば，さほど医療・介護問題は大きなものではないであろう．しかし，そのようなタイプの父親は全体の1割しかいないのである．多くの

父親は，すでに後期高齢者の 75 歳になった頃から徐々に身体機能が衰えており，医療や介護問題が顕在化しているのである．

　父親が亡くなった後，母親が健在であっても，やがて母親の身体機能は衰えて医療・介護問題が顕在化する．母親の死亡率が一番高いのは 2038 年なのであるが，母親の累積死亡率を計算すると，半数が亡くなるのは 2035 年となる．この年になると，この世に親は存在しない団塊ジュニアが大半となる．彼らは，もはや親の世話もできなければ，親からの金銭的援助も終焉する．親を介護する時から，すでに生活困窮者となる人たちも大勢でてくるであろう．さらには，両親を失って金銭的な支援がなくなった後，生活困窮者となる人もでてくる．その数は数十万人にもなると想定されている（下田 2019）．

　1990 年代以降の就職氷河期に，民間の雇用が冷え込んでもそれを補うべく公的部門の雇用を拡大していれば，問題はこれほどまでに深刻化しなかったのではないだろうか．今からでも，公的雇用の拡大と公的支援の拡張が必要不可欠ではないだろうか．

2.3　親の時代にあった雇用先

　団塊ジュニア世代にとって，親の世代である団塊の世代まで存在した雇用先がなくなったことは，彼らの人生に大きな影を投げかけた．特に，生まれ育った地元に存在していた公的雇用先がなくなると，その影響は大きい．地元の雇用先がなくなると，若者は都市に働きに出ていかざるを得なくなる．東京の一極集中が進んでいき，富めるものとそうでないものの格差が一層進む．

　民間だけでは十分提供されないものを，国家が供給することは重要だろう．そうした体制を整えることで，はじめて国民の安心した暮らしは成り立つ．その一つが公的職場である．それは国が補償すべき安全保障にもつながる．中曽根康弘政権以降，公的雇用が民営化されてきたことで失ってしまった問題を考えてみよう．

中曽根政権時には国鉄が，小泉純一郎政権時には郵政が民営化された．国鉄は赤字路線と黒字路線の両方を抱えていた．当然ながら，人口の少ない地方の路線は，ほとんどが赤字で運営されていた．一方，都市部の人口の多い地域は黒字経営が多くあった．北海道，東北，四国，山陰地域などは，ほぼ多くの路線が赤字であった．中曽根政権までは，国鉄は赤字の地域の経営は，黒字の地域の経営で埋め合わせる形で運営していた．しかし，民営化されると，各地域は別会社として独立採算制で運営することを余儀なくされる．そうすると，地方の赤字路線はどんどん線路を廃線化していくこととなった．地方の人々の移動手段はなくなり，地方はますますさびれていくことになったのである．

　同様のことが，郵便局でも言える．小泉政権の時に，郵便局を解体し，民営化することが決定された．郵便局は主に3つの事業から成り立っていた．郵便，郵貯，保険である．このうち郵貯と保険は黒字経営であったが，郵便事業は常に赤字であった．離島や山村に至るまで，どこに住んでいる国民でも同一の郵便料金でサービスが利用できる制度であるため，赤字になるのは当然である．郵便事業の赤字を，郵貯と保険の黒字で埋め合わせて運営している，非常にうまくできた事業体であったと言える．コンビニさえもない人里離れた山村に住む人々にとって，自分たちが利用できる唯一の金融機関が郵便局である人々も大勢いた．しかし，この郵便局が民営化されると，当然ながら利益をあげられない赤字部門は切り捨てられることになり，人里離れた郵便局はなくなっていく．コンビニもない山村では，生活しようと思っても利用できる金融機関がなくなることとなる．また，郵便事業，郵貯事業，保険事業が独立採算制となると，郵便料金の値段が引き上げられていくことは自明であろう．

　国民の生活の基盤になるもので，公的な事業として，水道・ガス・電気などがある．これらは，どこに住む人々にとっても，生活に不可欠なものである．こうした生活に不可欠な事業は，安全保障の問題にもつながる重要な事業である．電気については，小売自由化が2000年3月に始まり，新規参入した電力会社「新電力」からも電気を購入することが

可能になった．地域ごとに地域独占を保証されているとともに，地域の電気という安全保障を支えてきた電力産業に対して，競争主義を導入していった．

　ガス事業についても，自由化の流れが完成している．1995年ガスの消費量が多い大規模工場などを対象に自由化がスタートし，その後，1999年，2004年，2007年と徐々に自由化の範囲を拡大した．そして2017年4月に，家庭向けにまで拡げることで全面自由化となった．2017年は安倍晋三内閣の時である．保守層の多くが支持していた安倍晋三氏であるが，彼が内閣総理大臣の時代にも，競争主義の導入や市場開放をいくつかの重要な分野で進めていったのである．

　ガスの全面自由化とは，住まいの地域ごとに決められていた既存ガス会社だけでなく，さまざまな事業者から料金やサービス内容などで自由にガス会社を選べるということである．消費者にとっては低料金でよりよいサービスを選べるように思うが，競争主義の導入である．過当競争の結果，多くのガス事業者は廃業することにもつながる．その結果，あるときガスが使えなくなることも考えられる．もし，従来のようにある事業者に特定の地域の事業を任せていれば，ガス料金が高騰することや事業がストップするというような生活の安全保障を脅かすことは許されなかったであろう．また，ガス以外にも水道事業も民営化することを何度も検討してきたのが平成の時代であった．

3. 介護の黎明期

　1920年代に日本各地に病院・診療所が開設されるようになり，およそ1世紀をかけて，日本の医療制度は今や世界的にも高く評価されるようになったのに対して，介護は黎明期にあると言える．

　2000年に開始された介護保険制度を利用する人は，予想を大幅に上回り常に超過需要状態である．これに対して，供給側は常に過少であり，

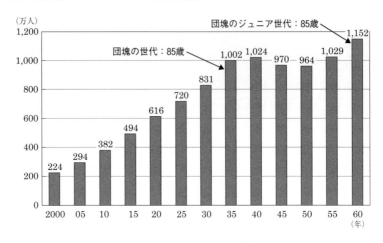

図7-7　85歳以上人口の推移

出所)『令和4年版　厚生労働白書』より.

介護関係職員の有効求人倍率は4倍近くにもなっている（有効求人倍率3.99，2020年）．介護の現場が需要超過にあるのは，団塊の世代全員が85歳となる2035年までは高齢者人口が急上昇するからである．

　図7-7は，2060年までの85歳以上の人口の推移を示したものである．今後85歳以上の人口は急上昇していき，2035年には1000万人を超える．その後は1000万人前後で安定する．85歳という年齢が重要となるのは，要介護認定されることと関係している．要介護認定される割合は，60代後半（65～69歳）ではまだまだ低く，この年齢階層全体の3%程度にすぎない．その後，各年齢階層の要介護認定者の割合は急上昇していき（70～74歳：5.5%，75～79歳：12.4%，80～84歳：26.4%，85～89歳：48.1%），80代後半でおよそ半数の人は介護が必要となる．2035年問題よりも，実は2060年問題の方がより深刻かもしれない．それは量の問題でなく，その中身の問題に関わるからである．2035年は団塊の世代全員が85歳になる年であるが，2060年は団塊ジュニア世代が85歳になる年であるからだ．経済的に恵まれず，生涯独身あるいは頼るべき身寄りの少ない団塊ジュニア世代は，経済的な老後の支援をより一層

必要とする世代であるからだ．

ここでは介護保険制度が創設されるまでの議論を振り返ってみる．

3.1 介護保険制度の創設まで

平成の時代とは「改革」の時代であったと述べてきたが，介護の分野だけに限ると，平成の時代とは「創設」の時代だったと言える．昭和時代の末頃から，国民の関心は高齢者問題に集まるようになる．

1985（昭和60）年，終戦の年に20歳であった団塊の親たちは60歳となっていた．1970年代には6〜7%であった高齢化率は，この1985年には10%を超えていた．急速な高齢化と老人医療費無料化制度で上昇して行く老人医療費を抑えることは，国民にとって重要な問題となっていた．そのため，政府は病気の予防対策を強化するなどの対策を行っていたが，いっこうに老人医療費の上昇は止まらないという状況であった．

その背景として，要介護高齢者の急増に対して，在宅サービスや介護施設の不足が常態化していたことがある．対処策として，高齢者を医療機関が引き受ける「社会的入院」が行われていた．つまり，本来介護で行うべきものを，医療で対応していたわけである．また一方で，社会通念として「親の介護は子どものつとめ」という考えが根強くあった．

こうした中，平成の時代に入ると，厚生省内で本格的な新しい高齢者介護制度の検討会が始まった．ここでは，平成9（1997）年5月に介護保険法案が衆議院で可決されるまでの議論の流れを見ていく．

(1) 1994（平成6）年までの議論

新しい介護制度創設にあたって，議論が難航したのは2つの点であった．1点目は，財源は何で行うのか．2点目は，どこまでを介護の対象とするかということである．一般病院は「介護」の対象に入るのかどうか，これは高齢者介護を支えてきた医療関係者にとっては大きな関心事

であった.

　1989（平成元）年，厚生省は「介護対策検討会報告書」を提出する．この報告書では，介護対策のための財源等について検討された．具体的には，公費，保険料，あるいは双方の組み合わせにするかなどである．1993（平成5）年に，厚生省は省内に「高齢者介護問題に関する省内検討プロジェクトチーム」を設置して，翌1994年には報告書を提出し，検討結果をとりまとめていく．介護に着目したサービスの検討結果として，以下のことがまとめられた．

- 対象者は65歳以上の要介護者．
- サービスの提供は，提供機関と本人の契約に基づくものとする．
- 費用は，保険料，公費，利用者負担を組み合わせる．
- 専門家が高齢者の要介護度を評価し，個々のサービスをパッケージとして組み立てる．

　ただし，保険者をどうするかについては，市町村を保険者とする案と，市町村と医療保険機関の共同案が両論併記された．つまり，この時点では，保険者を誰にするかは検討課題とし，試案を提示するにとどまった．その背景としては，市町村は財政的に苦しく，国民健康保険を支えるだけでも赤字続きであるという状況にあったからである．

　1994年6月，厚生省は「高齢者介護・自立支援システム研究会」を設置し，同年12月に報告書を取りまとめている．この時期になぜ，「高齢者の自立支援」を大きな問題としてとりあげるようになったのかについては，国論を2分するような「親の介護」についての見解の相違がある．1990年代は団塊の親世代は60代となり，現役を引退する時期だったが，政界にはまだまだ多くの大正生まれの政治家が大勢いた．彼らは「親の介護は子供が行うのが当然」と考えている人たちが大半だったわけである．つまり，この時期は「介護を社会が担う」ということに抵抗を感じる人々はまだ大勢存在したわけである．

高齢者数の急激な増加と介護期間の長期化で，高齢者問題は「生活を支える介護」が重要視されるように変化していった．それまで，日本の介護は家族介護に大きく依存してきたため，介護疲れや介護放棄，さらには虐待という問題が生じていった．政府は，新しい制度創設の議論を早急に進める必要があった．

(2) 1995（平成7）年までの議論

　1995年2月，厚生省は老人保健福祉審議会（以下，老健審）で新しい制度創設のための議論を始めた．審議会で大きな議題となったのは，ケアマネジメント，医療施設，家族介護の現金給付，保険者の4点であった．

　1つ目のケアマネジメントについてであるが，現在の介護保険制度では，非常に重要な役割を担う存在となっている仕事である．介護保険制度創設を模索する時点で，参考とした代表的な国がイギリスであった．イギリスでは地方自治体が，高齢者の要介護認定と介護サービスの提供の業務を一括して行っていた．しかし，日本の厚生省は，高齢者の要介護状態の認定と介護プランの作成を別の仕組みにしたいと考えていた．社会保険制度のもとにある我が国では，介護サービスの受給は高齢者の「権利」である．そのため，高齢者の申請に基づいて高齢者がサービスを選択できる制度としたいと考えていた．高齢者から依頼があった際に，要介護状態の認定は保険者が客観的な事実に基づいて行い，ケアマネジメントは「サービスの仲介者」としてプランを作成し，サービスの提供者との間で契約を結ぶ手伝いをすることにしたのである．

　2つ目の医療施設の議論は，新しい介護制度の対象施設として，一般の医療施設を含めるのかどうかという問題である．対象となる施設として，特別養護老人ホームや老人保健施設は問題ないのであるが，こうした施設の数が，急増する高齢者数に対応できるだけ存在していなかった．一般病院でも介護療養病床だけを対象とするべきではないか，などと意見が分かれた．

3つ目の家族介護の現金給付は，高齢者の介護を家族が行うことに対して現金給付を行うか否かという問題であるが，これについても意見が分かれた．

　4つ目の保険者をだれにするべきかという問題は，議論の当初から，地方自治体で高齢者に最も身近な「市町村」が最も有力な候補だった．しかし，市町村が反発していた．背景としては，市町村の財政状況にある．国保の保険者である市町村は，常に医療保険財政で赤字を抱えていたからである．

　1995年9月に，老健審は個別論点についての議論を深めるために，「介護給付費分科会」「制度分科会」「基盤整備分科会」の3つの分科会を設置する．

　介護給付費分科会では，給付の対象が議論された．具体的には，軽度の虚弱体質の高齢者への家事援助サービスを認めるかについて議論が分かれたが，「予防や自立につながる」ことを条件に，限定付きで認めた．家族介護の現金給付については，保留とされた．施設については，特別養護老人ホームや老人保健施設と介護療養病床付きの病院には認められたが，一般病院の長期入院については保留とされた．

　制度分科会では，だれが保険者となるかによって整理された．具体的には，保険者を市町村，国，医療保険者とする3案が提示された．この3案では，受給者は高齢者，負担は20歳以上の国民から保険料を徴収し，事業者も負担すること，さらに公費負担は50％以上という点で一致していた．

　ただ，日経連などの各関係団体からは異論が提出され，議論百出となった．例えば，日経連の提示した案は，受給者は70歳以上，負担は基本的に個人から保険料で徴収し，事業者が支払うかどうかは労使で話し合うこと，公費負担は50％以上というものであった．

　基盤整備分科会では，新たな保険制度の基盤整備について議論が行われた．具体的には，一般病院など既存の施設の転換の促進方策や，介護人材の確保・養成などである．

(3) 1996（平成 8）年の議論

1996 年 1 月に，老健審は各分科会の議論を踏まえたうえで，「新たな高齢者介護制度について（第二次報告）」をとりまとめる．主な内容は，次のようなものであった．

- 対象者は，要介護状態にある高齢者など．
- 在宅サービスは，ホームヘルプやショートステイなどと，かかりつけ医による医学的管理サービスを対象とする．
- 対象施設は，特別養護老人ホーム，老人保健施設と療養型病床などの介護体制の整った病院．一般病院は対象外とする．
- 家族介護については，両論併記として保留．

ここまで議論は進んだが，最終的に国会への提出案となるまでには，まだ道半ばであった．利害調整をするある人物を待たなければならなかったのである．

(4) 審議会最終報告とプロジェクトチーム

1996 年時点で，老健審は 3 つの分科会の議論を踏まえて，最終報告書までにいたるある程度の形を整えていたが，2 つの点で議論を集約させる必要があった．それが保険者と保険料である．

保険者として，最有力候補は市町村だったが，市町村は強く反発していた．市町村は，国民健康保険の支払いだけでも一般会計からの繰り越しを余儀なくされているのが現状であった．介護保険が「第二の国保」になるのを危惧していた．同じ理由から，保険料にも市町村は不安を抱いていた．高齢者の負担する保険料は，多くの未納者を生むのではないかという不安である．

1996 年 3 月に与党の福祉プロジェクトチームのメンバーであった丹羽雄哉元厚生大臣が，丹羽私案を提出する．この案は，介護保険制度をめぐる議論に大きな影響力を与えるものとなる．その主な内容は，以下

のようなものである．市町村を保険者とし，受給者は原則65歳以上で，公費負担を50%とする．さらに，保険料負担は40歳以上で，制度実施時期は，在宅サービスを先行実施することであった．保険者，受給者，公費負担については，老健審の案と同じであるが，保険料負担と実施方法が異なる．この案を軸に，厚生省は関係者の調整に進んでいった．

　丹羽氏は，1944（昭和19）年生まれ，慶應義塾大学卒の二世議員である．ちょうど小泉純一郎氏（1942年生まれ）が同じ慶應義塾大学卒の三世議員であるのと似ているが，政治家として行ったことはまるで対照的である．丹羽氏は小泉氏のように国民に広く知られた政治家ではなかったかもしれないが，介護保険制度創設には大きな貢献をした人物である．

　丹羽私案が提示される直前の老健審では，議論が膠着しているという状況にあった．自民党内でも意見が割れ，特に高齢の保守系議員は制度の導入に反対していた．丹羽私案では，お金のかかる施設サービスを後回しにし，できるだけ保険料負担を少なくすることで，党内の合意を取り付けることに成功していったのである．こうして，老健審は最終報告書をまとめるにいたる．

　1996年5月，厚生省は与党の福祉プロジェクトチームに「介護保険制度試案」を提示した．この案は丹羽私案を反映したもので，以下のような内容のものであった．

- 保険者は市町村．
- 被保険者は40歳以上．
- 費用負担は公費50%，保険料50%．
- 40〜64歳（第二種被保険者）は，医療保険より一括徴収・納付．
- 65歳以上（第一種被保険者）は，年金より天引き．
- 在宅サービスを先行実施（1999（平成11）年4月から）し，施設サービスは翌年（2000（平成12）年）を目標にする．

こうして，在宅・施設サービスともに，団塊の親世代が75歳の後期高齢者となる2000年にはサービスを受けられる体制を整えていった．ただし，ここで市町村が保険者となるためには，財政問題が浮上してくる．そもそも市町村が保険者となることを拒んできた背景には，これ以上の財政負担はできないという事情があった．そのため，厚生省は市長会や町村会と協議を続けて，介護保険制度案大綱をまとめる．

　大綱の要点としては，市町村の財政安定化や負担軽減に配慮した措置を数多く盛り込んでいることである．例えば，次のようなものである．

- 保険料は全国一律ではなく，各市町村で設定すること．これは，市町村ごとに，高齢者比率や高齢者の負担能力が異なることに配慮している．
- 保険料の徴収は医療保険の保険者が徴収して，まとめて納付すること．

これは市町村の徴収の負担を軽減するものである．さらに，

- 市町村が一般会計から繰り入れをしなくて済むように，国・都道府県を含めた「財政安定化基金」を設置すること．

これは，市町村の財政負担をこれ以上増やすことなく，国や都道府県が財政支援を約束するものである．以上のような提案を受けて，市町村側も最終的に了承した．1997（平成9）年5月に，介護保険法案として衆議院で可決された．

3.2　高齢化する東京と衰退する地方

　しばしば我々は「高齢化社会」とか「高齢社会」とか「超高齢社会」という言葉を耳にする．これはどう異なるのだろうか．実は，全人口に占める65歳以上の人口の割合で，呼び方が異なるのである．65歳以上

の人口比率が，7％，14％，20％を超えたときに，それぞれ「高齢化社会」，「高齢社会」，「超高齢社会」と呼ぶ．日本はすでに2010年には「超高齢社会」になっていたが，このとき「超高齢社会」となっていたのはドイツとイタリアと日本だけであった．

　日本の高齢化を特徴づけている，高齢化のスピードについても述べたい．「高齢化社会」が「高齢社会」となるのは，全人口に占める65歳以上の人口比率が7％から14％に変化したときであると述べた．主要各国がこの変化にどれくらいの年月を要していたかを順に述べると，フランスは114年間（1865年⇒1979年），スウェーデンは82年間（1890年⇒1972年），ドイツは42年間（1930年⇒1972年），日本は24年間（1970年⇒1994年）である．いかに日本の高齢化のスピードが速かったかがわかるだろう．しかしながらあとしばらくすると，東アジア諸国が日本の24年間の記録を抜くのである（大泉啓一郎著『老いてゆくアジア』参照）．

　高齢化が，日本の都市（特に東京とその周辺）と地方の人口に与える影響も述べておきたい．図7-8は，2015年の人口を1とした時の，主な地域ごとの人口推移を示したものである．

　75歳以上（図7-8上図）の人口推移をみると，山形県や島根県の地方では，それほど変化がない．これはすでにこうした地方では高齢化のピークを迎えており，今後さほど高齢化が進むわけではないことを示している．ここでは山形県と島根県を取り上げているが，地方の県では同じような人口推移がみられる．一方，東京都や東京近郊の埼玉県などでは，2030年頃までは75歳以上の高齢者人口が大幅に上昇することがわかる．日本の高齢化問題とは，今後は東京やその近郊地域の都市部の問題となる．

　次に，75歳未満（図7-8下図）の人口推移をみる．どの地域も人口減少が継続していくことがわかる．人口減少のスピードは，東京都や埼玉県という東京近郊の地域に比べて，山形県や島根県のスピードの方が圧倒的に早いことがわかる．山形県では2015年の時点と比べると2045

第 7 章　介護と財源　195

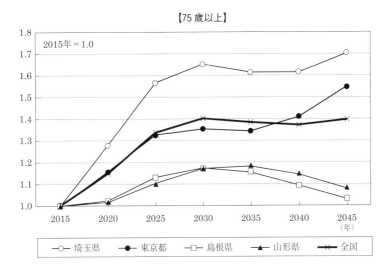

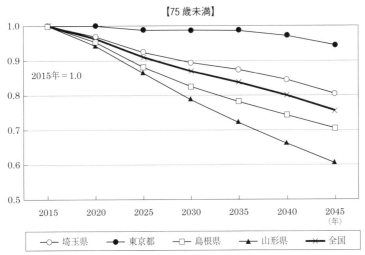

図 7-8　地域別の将来人口の推移

出所）国立社会保障・人口問題研究所「日本の地域別将来推計人口」より作成．

年は0.6となり，40%も75歳未満人口が減少していくことがわかる．地方では，少子化・人口流出が続き，人口減少が続いていくのである．つまり，東京やその近郊地域では高齢者がいかに住みやすい都市に変貌していけるかが問われているのである．一方，地方はすでに十分高齢化は進んでいるが，若者の人口流出が止まらないのである．

　ここで首都圏への人口集中の問題を考えてみよう．主要先進諸国と日本を比べてみて歴然とわかるのは，日本の首都圏への人口集中度は著しく高いという事実である．日本の場合，首都圏の人口は今や全人口の約30%となっている．これに対して，イギリスやフランスでは全人口の15%，アメリカ，ドイツ，イタリアでは5%程度である．しかも，日本以外の国々では，この数値は戦後ほぼ安定して一定である．日本の場合，1950年代では首都圏の人口は全人口の15%程度であった．しかし，1965年には20%を超え，1975年には25%を超えている．つまり，高度経済成長で日本が成長する過程は，東京を中心とする首都圏が日本全国から人々を吸収していく歴史であったともいえる．いまや首都圏への人口集中は大きなひずみを生んでいる．他の先進諸国を見渡しても，全人口の30%を首都圏で抱えているのは日本ぐらいである．

　1868年，京都から天皇陛下が江戸に住まいを移され，政治機能は東京に移り，徐々に東京に人口が集中していった．その時から150年以上の時間が流れている．特に戦後の80年間で首都圏が人口を膨張化させたけれども，東京都は出生率が日本の最下位に位置する．つまり，全国から人口を吸収しながらも，日本の人口を低下させるシステムの中心となっているのが東京都なのである．西から東に人口が流れたのを逆流させる秋(とき)なのかもしれない．

　首都機能移転は，国会でも承認されている．首都機能を移転させる移転先は，いくつかの候補があるだろうが，歴史や伝統があり日本人の心のふるさととなる地であれば，150年ぶりの遷都は十分検討するに値するのではないだろうか．

表 7-2 地元で暮らすべきか？

(%)

	地元に暮らすべき	住みよい場所に移動すべき
全体	7.4	40.2
20代	8.1	41.0
30代	10.7	42.4
40代	7.5	36.3
50代	8.3	36.2
60代	4.8	41.1
70代	5.2	44.2

注)「どちらでもない」の回答は除く．
出所) 独自アンケート結果より．

3.3 失われていく人のきずな

　我々は独自に，20代から70代まで男女年代の割合が現実の日本人の分布と同じになるように設計して，アンケート調査を実施した．そこでは，「地元に暮らすべきか」あるいは「住みよい場所に移動すべきか」と居住場所について尋ねている．結果は表7-2の通りであった．「地元に暮らすべき」と回答したのは，全体の7％であった．どの世代でもおよそ4割の人々は「住みよい場所に移動すべき」と回答している．

　日本人の健康水準が他の諸国の人々と比べて高い要因として，「社会関係資本（social capital）」が高いことを指摘した研究蓄積がある（Kawachi, Subramanian, and Kim 2007; カワチ・スブラマニアン・キム編 2008）．「社会関係資本」とは，ハーバード大学の政治学者ロバート・パットナム氏によって定義された概念である（Putnam 1993; パットナム 2001）．パットナム氏によると，「個人間のつながり，すなわち社会的ネットワーク，およびそこから生じる互酬性と信頼性の規範」と定義される．人と人の関係性を資本として捉えるわけである．個人間のつながりが強い社会では，「信頼」や「規範」が強く働き，社会の効率性を高めることができるとされている．昭和の時代の日本であれば，こうした指摘も当てはまるであろうが，平成時代の間にどんどん地域社会の連帯も希薄化していったのは否定できないであろう．

3.4 親の介護を担えない若者

現在,どれくらいの日本人が,高齢になった親の介護を担う義務があると考えているのだろうか.国際比較調査の結果をみてみたい.

図7-9は,「両親の長期介護を担う義務がある」と回答した割合を国際比較したものである.日本はわずか26%の人しか,親の介護を担う義務があるとは思っていない.他の欧米諸国(アメリカ,イギリス,ドイツなど)よりも,日本の方が低いのである.なんと「利己主義的」な国民になり果てたのか,と思う人もあるかもしれない.

しかし,現実には「親の介護を担いたくても担えない」のが現実なのである.「同居」あるいは「近居」するためには,親の住む場所の近くに安定的な職場がなければならない.

1990年代前半までは,地方にも安定的な職場があった.それが一つ一つ削られていった.公務員の人数が削減され,公共事業費が削減されていった平成の改革のために,若者の職場が奪われていったことはすでに述べた.確かに,哲学的にみると,日本社会は「共助」から「利己主義」へと変貌していったともとらえられる.しかし,現実の生活環境がそのように意思選択させているのである.

個人と社会は,長寿社会にどのように対応しなければならないのか.まず,個人の問題から考えたい.引退後の時間が長くなることを想定して,第二の人生のための生き方を考えることだが,まだ多くの人はそれができずにいる.また,自分がどうして生まれ生きているのかというアイデンティティが喪失しつつあるのが,現代人の特徴である.若者の死因の第1位が自殺であるのは,このことを裏付けているともいえる.だれしも親があり,親から生まれ,地域社会の中で育ってきたはずである.長い第二の人生に異なる複数のキャリアを持つことを想定して,一つの仕事を終えてから次のキャリアのために学校で学びなおしたり,新しい仕事をしたりすることも重要であろうし,地域社会のためにボランティ

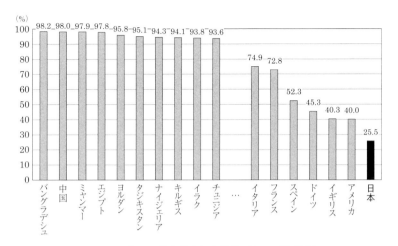

図7-9 両親の長期介護を担う義務がある（賛成率）

注）賛成＝「強く賛成」＋「賛成」
出所）「世界価値観調査」2020年より．

ア活動をしたりすることも重要になるだろう．特に，地域社会作りの活動は重要になるのではないか．若い人が近くに住みたくなる住空間作りに役立てばすばらしいことだ．地方では，今後も人口流出が続き，高齢者が取り残される社会になることを紹介した．長寿社会の地方は，どうすれば若者が郷土にとどまり生活していける住空間を作れるかが問われている．

次に，社会のことを考えたい．長寿社会に直面して社会がどのように対応するべきか．それは，社会インフラの整備に行きつくだろう．ここで2つの重要なインフラを取り上げたい．1つ目は，交通インフラであり，2つ目は住まいのインフラである．

1つ目の，交通インフラの話をしたい．だれしも身体機能が衰えれば，クルマに乗れなくなる日はくる．しかし，公共交通機関も整えられていない地方では，クルマに乗れなければ日常で必要となるものがほとんど購入できない．日本は今やクルマ社会となってしまった．地方では，クルマに乗れないことは今や死活問題なのである．では，どうしてそうな

ったのか．昭和の時代には，歩いて行ける範囲で日常品を買いそろえる商店は存在していた．

　藤井聡著『令和版　公共事業が日本を救う』では，ヨーロッパの都市では，日本でみられる「シャッター街」がみられない理由を述べている．ヨーロッパも日本と同様にモータリゼーションを経験した．だが，ヨーロッパでは街からクルマを排除したのだという．日本の街がクルマを受け入れていったのとは対照的である．ヨーロッパでは，日本とは都市政策が異なっていた．第一に，街のまわりに環状線を巡らせる．これによって，街を通過するだけのクルマを排除できる．第二に，街から離れたところに大型の無料駐車場を作り，街までは格安の大型公共輸送機関でつなぐ．これにより，郊外に住む人でも容易に街までのアクセスを可能にする．第三に，環状道路の内側には，歩いても楽しくなるような緑地・石畳の歩道・自転車道を作る．こうして，街の中は人々が日常の買い物や生活を楽しむ欧州の都市が，少しずつ時間をかけながら形成されていったという．こうした街づくりは，大方の都市交通の研究者での一致した見解であるという．単に，クルマの乗り入れを規制するのではなく，公共事業を展開して，豊かな暮らしを手に入れるために，少しずつストックを積み重ねて作りあげてきたのが，ヨーロッパの街である．欧州諸国にできて，日本にできないはずはない．昭和30年代には日本のいたるところにあった，高齢者が歩いて買い物できる街づくりをよみがえらせることが大切だろう．

　平成の時代の日本の街づくりの過ちは，若者の仕事場にも直結したので，ここで少し述べておきたい．2000年に「大店法（大規模小売店舗法）」が廃止され，郊外に大型店舗が出現するようになった．それとともに，全国の商店街の状況は一変した．商店街は「シャッター街」と呼ばれるようになり，廃業店が相次いだ．スーパーやホームセンターなどの品ぞろえが豊富な大店舗が郊外にできたことで，だれしもクルマで郊外まで買い物に出かけることとなった．大店舗で雇用される従業員は，ほとんどが低賃金の非正規雇用である．商店街の雇用主であれば，一国

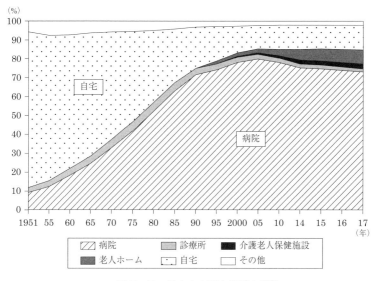

図7-10 日本人の死亡場所の推移

出所) 人口動態統計.

一城の主として経営できる．商店を親から引き継ぐことに何の未来も感じられない若者は，都会へ流出していくことになったのである．国や地方政府が積極的にお金を出して，交通インフラの整備を進めていくことは，21世紀の日本が他の先進諸国並みの豊かさを享受するためには重要なことであろう．

2つ目の，住まいのインフラの話をしたい．日本人の平均的なライフスタイルを振り返ると，20世紀初めの大正期までは，日本人はほとんどが仕事をやめた翌年には死亡していた．そのため，自宅が終の住処であった．しかし，現在では多くの日本人の終の住処は病院となっている．これは老後が長期化したため，介護の必要となる期間が長期化したことに関連している．

図7-10は，日本人の死亡場所の推移を1950年代から示したものである．1960年代の高度経済成長前半までは，自宅で亡くなる人が大半

であった．しかし，そのあと自宅ではなく病院で亡くなる割合が急激に上昇して行く．核家族化が進み，高齢者が地方に取り残されていった日本の経済的事情と無関係ではないであろう．病院は急性期の患者介護を，介護施設は長期介護を必要とする人を対象とするというすみ分けが行われている 21 世紀の社会保障の体制をかんがみると，今後は自宅に代わる終の住処としての「介護施設」こそ重要になると考えられる．しかしながら，全高齢者を受け入れられるだけの，低価で良質な介護施設が圧倒的に不足しているのが現状である．

4. 介護のためのモノ（施設）の充実を

　20 世紀が「病院の世紀」であったのに対して，21 世紀は「介護施設の建設期」と言える．図 7-11 は，主な介護施設の病床数の推移を示したものである．介護老人保健施設（老健）は，リハビリを通して自宅への復帰を目指す施設である．そのため，自宅以外の終の住処としては，有料老人ホームと介護老人福祉施設（特養）の 2 つを主な施設として挙げることができる．ただ，この 2 つの施設は料金面とサービスの面で大きく異なる．有料老人ホームは民間が設置・運営する施設であるため，さまざまなサービスを提供する代わりに料金が高額である．これに対して，特養は地方公共団体 NPO 法人が設置・運営するため，低価格で入所できる．
　つまり，介護の現場では，所得による介護格差が生じている．これまでは家族が介護を担ってきた．今後は政府が国民の介護の責任を担っていくべきと考えられるが，現状ではかなりの部分を民間に頼っている．特に，お金のある老人はさまざまなサービスを提供する有料老人ホームを選択し，お金のない老人は病院や老健を転々としながら，低価格の特養に空きが出るのを待っているのが現状である．料金が高額な有料老人ホームであっても，その数は急増しており，常に超過需要の状態にある．

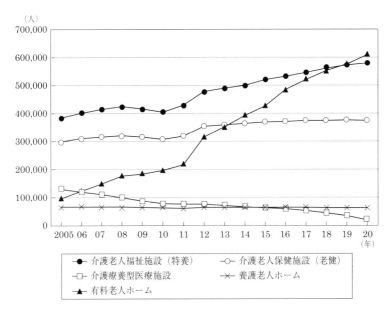

図7-11 主な介護施設の病床数の推移

出所）厚生労働省.

　実際，数多くある介護施設の中で，国民はどのタイプの施設での安住の場所を望んでいるのであろうか．特に，身寄りのない一人暮らしの高齢者の介護は，今後政府の重要な任務となると考えられる．図7-12は，内閣府が行った調査結果である．これは「一人暮らしの高齢者」の希望する介護場所を，身体機能別に表してある．このグラフをみると，介護が必要となる（要介護度が上がる）につれて，特別養護老人ホームに対する希望度が上昇していることがわかる．特に，「一人で立ち上がったり歩いたりできない」状態となると，約4割の人が希望している．これは「わからない」と回答した人を除くと，過半数の一人暮らしの高齢者は特養を希望していることを意味する．

　特養は自治体などが運営する介護施設であるため，民間の老人ホームにくらべると格段に安価で入居できる．そのため，老後の資金が十分で

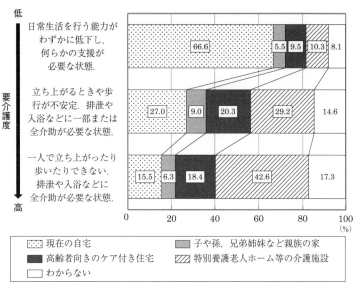

図 7-12 「一人暮らしの高齢者」の介護場所の希望

出所）内閣府「一人暮らし高齢者の意識に関する調査」平成 26 年.

ないほとんどの国民にとっては，欠くことのできない施設である．しかし，現状では入居待ちが全国で 25 万人程度もいるのである（厚生労働省の推計によれば 2022 年時点での入居待ちは約 25.3 万人）．

4.1 日本の介護格差

　自宅以外の終の住処としては，有料老人ホームと特養の 2 つが主な施設であると述べた．この 2 つの施設は料金面とサービスの面で大きく異なり，現在の日本は所得による介護格差が生じている．お金のある老人はさまざまなサービスを提供する有料老人ホームを選択し，お金のない老人は病院や老健を転々としながら，低価格の特養に空きが出るのを待っているのである．

　なぜ，このような状況となっているのか．それは特養の数が足りなさ

すぎるからであり，特養を設置する主体である地方政府の予算が少なすぎるためである．

　都道府県別にみて，どれくらい特養への入所待ちの人たちがいるのであろうか．図7‐13は，2022年時点での都道府県別の特養入所待ち人数を示したものである．このグラフをみると，東京都，神奈川県や大阪府，兵庫県といった都市部での入所待ちの人数が多いことがわかる．すでに，75歳以上の人口推移（図7‐8）をみたが，今後は東京都の高齢化は一気に加速化していく．そのため，介護の問題は都市部で深刻化する．特に，東京都やその周辺である千葉県，神奈川県，埼玉県の首都圏では深刻な問題となるであろう．

　地方ではすでに高齢化のピークを迎えつつあるので，地方は着実に特養のような公的な介護施設を設置していけば，介護の問題はそれほど深刻化しないかもしれない．地方で深刻な問題は，人口が流出していくことであり，若者が地方にとどまるように，賃金の高い仕事をどれだけ作り出すかにかかっている．東京など都市部に比べて，賃金の低い仕事しかないことが，地方の深刻な問題である．地方政府が積極的に公的部門の賃金を引き上げていくことは，具体的に若者を地方に引きとどめる策となりうる．

4.2　介護のためのヒトの充実を
　　　──介護士の給与はいまだ安すぎる

　少子高齢化を突き進んでいる日本では，子供や高齢者を支えている人々こそ十分な給与で安定的に雇用される仕組みをつくる必要がある．しかしながら，現実はその多くを非正規職員として雇用しているのである．図7‐14は，医療・保育・介護の現場で働く人々の正規・非正規の人数を，男女別に示したものである．これをみると，女性の雇用人数が多い看護師，保育士，介護士のなかで，保育士と介護士は非正規職員の割合が多いことがわかる．看護師は全体の4分の3が正規職員であるの

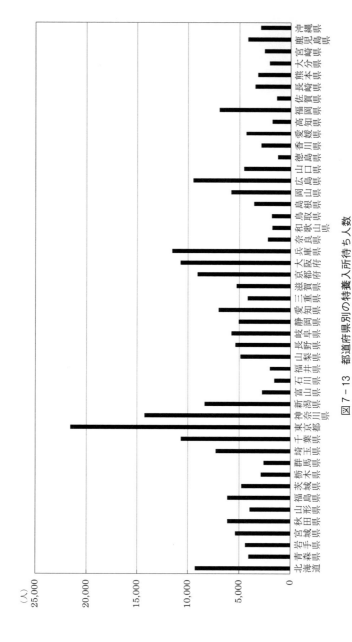

図7−13 都道府県別の特養入所待ち人数

出所）厚生労働省「特別養護老人ホームの入所申込者の状況（令和4年度）」．

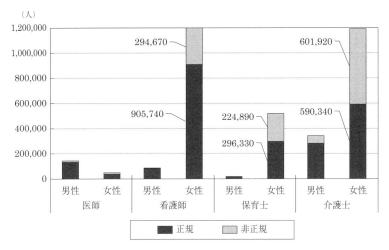

図7-14 医療・保育・介護分野における雇用者数

出所）総務省「平成27年国勢調査」より.

に対して，保育士も介護士もおよそ半数は非正規職員である．非正規職員の給与は，同じような仕事をしていても正規職員と比べると格段と安い．子供の養育の仕事をしている保育士や，高齢者の介護の仕事をしている介護士の職場環境を整えることは，重要な政府の仕事である．

　少子高齢化が進む日本であるからこそ，保育士と介護士を正規職員として採用していく仕組み作りが急務であろう．保育士は，昭和の時代には若い女性の憧れの仕事の一つであった．それが，平成の時代に地方自治体は，保育所の民営化を推し進めていった．これは，国が地方への給付金である「地方交付税交付金」を平成の間に激減させていった結果といえる．資金不足に陥った地方自治体は，地方債を出して資金を借り入れるか，住民サービスを切り詰めるしかない．その一つが保育所の民営化であった．民営化とは，つまりは地方自治体が行うべき子供の養育という行政サービスを放棄し，民間に行わせることである．そのために，保育士の給与はどんどん削られていった．公立保育士の給与は，地方公務員に準ずるため月額平均給与約36万円であるのに対して（総務省

「平成31年地方公務員給与実態調査結果等の概要」)，私立保育士は19〜21万円程度である（政府統計の総合窓口「賃金構造基本統計調査」職種別第2表）．つまり，10万円以上も開きがある．しかも，私立保育士の場合，昇給などはほとんどないのに対して，公立保育士であればほぼ間違いなく，年齢とともに給与は上昇していく．現在，保育士免許を持つ人は全国で154万人いる（2019年）．しかしながら，その多くは期待できる給与を得ることができないために保育士の職についていないのが現状である．地方自治体は，時間をかけてでも民間の保育所を公営化し，公立保育士を育成していくべきである．

　介護職についても同様である．少子化対策として保育士の公務員化を進めるのと同様に，高齢化対策として介護職の公務員化を進めるべきである．現在，全国の介護職員数は約211万人（2019年）だが，2025年度に必要な介護職員は約243万人である．さらに，2040年度には280万人の介護職員が必要と予測されている（厚生労働省による推計）．これだけ介護士の不足が著しいのは，給与待遇の低さのためである．全業種の平均給与と比較すると，およそ年収で100万円も低いのが介護職である．民間の介護施設を公営化し，介護士も地方公務員に準ずる給与体系をとることで，介護士不足の問題は解消していくであろう．

　保育士，介護士ともにおよそ半数が非正規雇用という安価な給与で雇用されていることから，その職場環境は必ずしも良好なものではないと言える．長期的な雇用を保証するためには，保育士と介護士の公務員化を進めることが考えられる．日本の公務員数が他の先進諸国と比べて多いのなら，この提案は妥当ではないであろう．しかしながら，現状では日本の公務員の数は，人口当たりでみると先進諸国のなかで最低水準なのである．

4.3　公務員の数を欧米並みに

　実は，日本は主要国で最も小さな政府なのである．図7-15は，公務

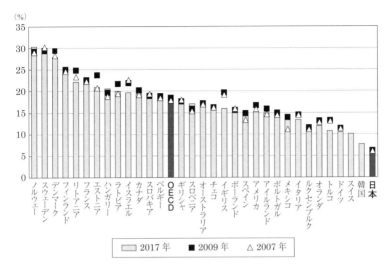

図7-15 労働人口当たりの公務員雇用率

出所) OECD National Accounts Statistics.

員の割合を国際比較したものである．公務員の雇用割合を比較すると，雇用率が高い国，中程度の国，低水準の国に大別できる．図を見れば分かる通り，公務員の雇用率が高い国は，北欧諸国である．北欧諸国は労働人口当たり30％もいるのがわかる．つまり，北欧諸国は労働人口でみると国民の3人に1人は公務員として雇用されているのである．

次に，中程度の雇用率の国は，OECD平均の18％前後の国々となる．これはカナダ，ベルギー，ギリシャ，アメリカなどである．

最後に，最も公務員の雇用率が低い国々．これは，ドイツ，スイス，韓国，日本である．その中でも最下位なのが，日本である．現在，日本は労働者当たりで20人に1人しか公務員として雇用されていない．少なくとも国際水準でみて中程度になるまで，公務員の数を増やしてもよいのではないだろうか．公務員の積極雇用は，歴史的にみても，不況期にあるときに政府が行ってきた正しい政策である．

例えば，労働人口当たりで，現在の5％からOECD諸国の平均水準

である18%，数値を単純化するために20%にまで増加させるとしよう．その場合，公務員の数は4倍にする必要がある．

　日本の公務員数は，国家公務員が約59万人，地方公務員が約274万人（総務省による令和3年資料より）なので，4倍の人数（国家公務員：約240万人，地方公務員：約1100万人）にまで増員させることになる．つまり，1000万人の新たな正規雇用を生み出すのである．

　現在，国と地方は，就職氷河期世代の若者を積極的に雇用する政策を打ち出している．しかしながら，その雇用数はあまりにも少ないのが現状である．就職氷河期世代の国家公務員中途採用数は，政府全体で150名以上が目標という（令和4年）．多くの地方公共団体も，年間数名程度の就職氷河期世代しか新規雇用していない．目標とするケタ数が違うのである．新規雇用数があまりにも少ない理由は，職員の人件費にある．人件費を全額カバーできる財源があれば，「就職氷河期世代」の正規公務員としての新規雇用に対して，国も地方公共団体も躊躇しないであろう．

　平成の間，「公務員はヒマだ」「公務員は何もしていない」というプロパガンダともいえる文句がマスコミをにぎわしてきた．その間，公務員の人数を削ることを政治的使命とするような政治家が国でも地方でも現れ続けた．しかし，本当はどの組織でも働かない人が必要なのだ．『働かないアリに意義がある』の著者である生物学者の長谷川英祐氏は，その著書で述べている．アリの社会を観察していると一つの法則性があることに気が付く．働いているアリがいる一方で，ほとんど働かないアリもいる．そして，外敵が来たり，いざというときに，その働かないアリたちが役に立つ．コロナ禍でわれわれが経験したのは，危機の時に公務員の人たちの助けがどれだけ大事かということだろう．公務員の数を削減し続けた地方自治体は，住民への対応が著しく劣化し，死者数が増大したのはデータが物語っている．

　団塊の世代（1946〜48年生）は，年間250万人生まれていた．その子供たちにあたる団塊ジュニアの世代（1971〜75年生）は，1学年で200万人いる．現在，毎年生まれてくる赤ちゃんの数は100万人を大き

く下回り，およそ80万人となった（2022年の出生数は79万9728人．厚生労働省の人口動態統計より）．しかし10年間継続して年間100万人の新たな公務員数の増加を進めれば，安定した給与が定年まで保証される職について，家庭を持とうと考える人も多くでるだろう．第三次ベビーブームへとつながる可能性もある．

　日本の失われた人口を復活させる起爆剤としても，改革の針を逆向きに回すこと，そのための最優先政策の一つとして「公務員の数の増加」があげられよう．各地方自治体がすすめる「就職氷河期世代の雇用」を国が支援して，公務員の人数を欧米並みに充実させていかねばならない．そのためには，十分な財源がなければならない．

5．介護のためのお金（財源）の充実を

　日本の介護の財源は，基本的には，「利用者負担」と「保険料」と「公費（税・公債）」から成り立っている．「利用者負担」を除けば，「保険料」と「公費（税・公債）」の割合は1：1になっていることは，前章で紹介した．最初に「利用者負担」率のこれまでの推移を見てみたい（図7-16）．

　介護保険制度ができたばかりの自己負担割合は，全員一律「1割」であった（2000年4月）．しかし，2015年8月には「一定以上の所得」がある利用者は「2割」負担となる．この「一定以上の所得」がある人は，被保険者の上位20%を対象としている．2割負担というのは，いままでの介護費用が利用者にとっては2倍になることであり，大変な負担増であった．さらに3年後（2018年8月）には，「現役並みの所得」がある利用者は「3割」負担となった．結局，利用者に占める人数比で見ると，3.6%は「3割」，4.6%は「2割」，約92%は「1割」負担となっている（2022年12月）．老いの痛みは，健康だけではなく，お金の面でもズシリと体にくる．

212 第Ⅲ部 セーフティネットの構築と財源

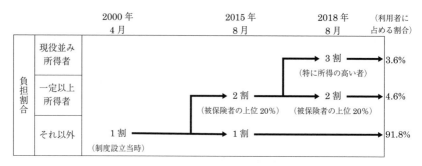

図7-16 介護保険の利用者負担の推移

出所）厚生労働省．

5.1 これ以上の負担は耐えられない

われわれは，独自のアンケート調査を行い，介護利用者の自己負担のさらなる増額に対する賛否を尋ねた．結果は，表7-3に示したとおりである．

介護利用者の自己負担の引き上げについてみてみよう．年代や性別，さらには社会階層別に違いをみたが，一番大きな差が見られたのは，社会階層による差であった．個人の社会階層については，自己申告で回答した結果に基づいているので，バイアスがあることは否定できない．全体を「上流」「中流」「下流」と分け，分布は「上流」20%，「中流」40%，「下流」40%となった．表をみると，「下流」に属する人々に比べて，「上流」の人々はさらなる介護費の自己負担の引き上げに賛成と回答した割合が多いことがわかる．これは，年齢，健康状態，所得などをコントロールしたうえでも統計的にも差があった．つまり，「上流」に属する人々は，さらなる介護費の負担分は自分たちで負担すべきであると考える人の割合が高いということである．これに対して，「下流」に属する人々は，自己負担で賄うのではなく，それ以外の負担（みんなで出し合った保険料，あるいは公費（税金・公債））でまかなうべきと考

表 7-3　介護利用者の負担を引き上げていくべきか

(%)

	（全体）	上流	中流	下流
（全体）	25.3	31.6	24.8	23.6
若年	21.1	28.6	15.3	24.3
中年	25.9	26.8	20.1	30.7
高齢	25.3	24.0	24.2	27.4

注）「若年」は 20 代・30 代，「中年」は 40 代・50 代，「老年」は 60 代・70 代．「上流」「中流」「下流」は生活水準についての自己評価に基づく．各分布は 20%，40%，40%．
出所）独自アンケート結果より．

えている．

5.2　マクロ戦略としての介護費拡大

最後に，マクロ経済的にみて介護費拡大は重要であることと，その財源確保は可能であることを述べたい．

実は日本政府の一般会計を国際標準に直すだけで，財源確保を行うことができるのである．具体的には，毎年の歳出から「債務償還費」の項目を，他の先進諸国同様に削除するだけで実現できるのである（21 世紀政策研究所 2022）．

平成の間，高齢化の進展とともに医療・介護を含めた社会保障費は，毎年の日本の政府予算のなかでも一番大きな割合を占めるようになった．

図 7-17 には，日本とアメリカの 2022 年の歳出予算（日本は一般会計歳出，アメリカは歳出予算）の内訳を掲載している．日本の社会保障費は，33.7% となっている．この中で，他の先進国では一切ない項目が日本にはある．これが「債務償還費」である．その規模は，約 16 兆円である．これは国債を償還する費用というわけである．国債を 60 年で償却すると仮定していて（「60 年償還ルール」と呼ばれる），その費用を歳出費として計上している．

実は，主要先進諸国の中で「債務償還費」を設定しているのは日本だ

214 第III部 セーフティネットの構築と財源

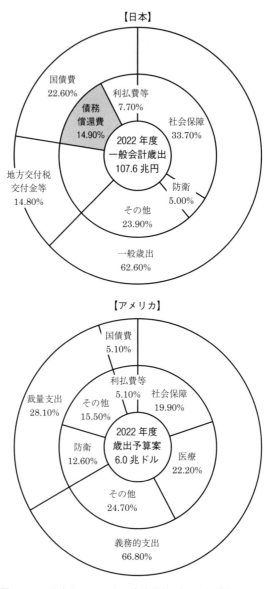

図7-17 日本とアメリカの歳出予算（2022年度）

出所）財務省，外務省「アメリカ合衆国2022年度予算教書」．

けである．他の先進諸国の「国債費」の歳出にあるのは，「利払費」だけである．

　この16兆円は毎年毎年，予算から削減されているのと同じである．この項目があると，国債を発行するだけ歳出予算は毎年毎年削られていくという，極めて緊縮的なメカニズムが内蔵されたものとなる．極めて巧妙なトリックが，日本の一般会計には内蔵されているのである．逆に言えば，国際標準に合わせれば，毎年16兆円の予算が使用できることになる（しかも，この金額は国債残高の増加とともに今後上昇していく）．この予算項目を使えば，医療・介護を含む社会保障費が今後増加していっても，必要以上に抑制する必要もなくなる．平成の間の緊縮の流れを，逆向きにしていくことができる．時計の針を逆向きに回せるのである．

　ここで，「令和の新政策」として，公務員1000万人雇用計画を提言したい．平均年収500万円として，100万人を雇用した場合，必要となる予算額は年間5兆円である．毎年退職していく公務員の補充をしながらも，新たに毎年100万人の新規公務員の雇用を進めていけば，10年をかけてこの政策を継続していくと，総計1000万人の公務員を増員することができる．その結果，平成の間職がなかった若者の雇用を取り戻すことができる．これが「時計の針を逆に回す」令和の新政策である．

　ここで，日米の国家予算（歳出）を比較したので，もう一点だけ指摘しておく．それは，規模である．図7-17を見ると，日本とアメリカの歳出予算規模（2022年）はあまりに違いすぎる．アメリカは日本のおよそ6倍もある（日本107.6兆円，アメリカ6.0兆ドル）．アメリカは日本の人口に比べておよそ3倍の国である．GDPは3.5倍程度である（2021年）．予算規模も3分の1程度であるべきであろう．もし，予算規模もアメリカの3分の1程度であれば，日本は今の倍の規模の予算でないとおかしいことになる．毎年5%ずつ国の一般会計予算を上昇させれば，その規模は15年でおよそ倍額になる．つまり，予算規模の面からみても，社会保障費は拡大の余地が十分にある．

5.3 地方再生——地方債の日銀引き受けを進めよ

現在，全国の地方の毎年の予算規模は約 100 兆円であるが，そのうちの 10% の 10 兆円を地方債が占めている．地方は常に予算不足である．日本が 25 年間停滞した中で，欧州の先進諸国は約 2 倍，米英は約 3 倍の経済成長を達成している．その中核となったのが，政府支出の拡大であった．

地方予算も，25 年で倍増する方法がある．地方債の発行額を今後 25 年間，毎年 10% ずつ増加させ，すべてを無利子で日銀に引き受けてもらうのである．そのようなことが本当に可能か．参院で「日銀が地方債を買い入れる場合には，（内閣総理大臣や財務大臣の）認可は不要である」とはっきりと日銀は答弁を行っている（章末のコラム 6 を参照）．もし，地方の予算規模が倍増すれば，多くの地方で公共サービスを充実させることができる．

地方には，限りない需要がある．介護施設の設置が，その筆頭に挙げられる．今後，日本の高齢化に対応した介護施設の充実は，地方にかかっている．それ以外にも，道路・橋などのインフラの管理者は，その大半が，都道府県や市区町村の地方行政機関である．小中学校の多くは，地方の公教育に頼っている．しかし，老朽化した地方のインフラは今すぐにでも修繕する必要がある．水道管はボロボロ，地方の道路はガタガタであり，小中高校等の公共施設は改築の必要性があるものが多くあるにもかかわらず，放置されたままである．

地方自治体の財源の中で，税収は全体の 4 割程度であり，その多くは国からの交付金に頼っている．地方への交付金である地方交付税交付金は，平成の間にきわめて緊縮的に削減されていった．つまり，地方政府は地域住民へのサービスを行うのには十分とはいいがたい程度に，財源において抑えつけられているのである．国は地方から日本が再生できるだけの予算をつけるのが，本来のあるべき姿であろう．

日銀は，現在いまだに地方債の引き受けを行っていない理由として，「日銀は国債買い入れで十分潤沢な資金供給ができている」ことを挙げている．しかしながら，日銀は既発債の国債を買い取り，それを「日銀当座預金」として資金を銀行に供給しているだけである．確かに日銀は400兆円を超える資金を，黒田東彦日銀総裁が就任後に供給してきた．この「日銀当座預金は」は，銀行から借り入れる借り手が現れたときにはじめて市場に流れるのである．現在，日銀当座預金は借り手がほとんど現れずに，銀行にブタ積みされているだけである．デフレで民間に借り入れ意欲がない中で，借り入れを行えるのは政府しかない．

　本来は日本政府が国債を大幅に新規発行して，公務員の人件費を上げたり，公共事業を拡大したり，社会保障費を充実したりするための借り入れを積極的に行えばよいだろう．しかしながら，日本政府が借り入れを行わないので，別の「政府」の借り入れが必要なのである．それが「地方政府」である．地方議会が了承し，地方自治体の首長が決断すれば，地方債を増発して，日銀がその地方債を買い入れれば，地方にお金が流れ出し，地方に若者の雇用を作り出すことも可能となる．地方政府における首長や議員はともに，お金の流れを学習すべきであろう．そして地方は広域連合として結束して，地方債の日銀借り入れを要望する政治運動を行うべきである．

■コラム5　日本も国際標準基準の予算に直せ

以下は，2022年10月20日に提出された自民党の有志議員による提言書の内容です．

****

責任ある積極財政を推進する議員連盟

日本の財政運営を国際標準に是正する提言

　財政法第四条は赤字国債の発行を禁じており，この条項は日本が再び戦争を行うことができないよう，戦勝国により付されたものと考えられている．

　我が国では特別措置法により特例国債を発行し財政運営を行うことが常態化しているが，世界各国が新型コロナ感染症から国民の生命と経済を守るため国債を大量に発行し，我が国以上に財政支出を拡大していることを鑑みると，当然の対応と言える．日本の財政はドーマー条件を満たしており，今後も経済成長に全力を傾注し，債務残高対GDP比を下げることが重要であり，CDSの数値を見ても財政破綻の確率は皆無に等しい．

　世界各国と日本の最も大きな違いは，我が国だけが一般会計予算歳出に国債費を計上していることであり，世界各国が利払費のみを計上していることと比して特異な状況にある．

　その根本には，世界で唯一日本だけが60年償還ルールを適用していることにある．

　国債償還については我が国も世界各国と同様に借換債により償還しており，日本独自の償還ルールを廃止し，世界標準に是正することに何ら不都合が発生しないことは明らかである．

　財政の硬直化が顕著な現状を適正化するために，日本独自の60

年償還ルールを見直し，利払費だけを一般会計予算に計上することとし，国際標準と同様の予算編成を行うよう強く求める．これにより財政の弾力性を確保し，増税なき防衛費の拡大を行うべきである．

■コラム6　地方債の日本銀行引き受けは可能

　以下の内容は，ある国会議員が日銀は政府（財務大臣や内閣総理大臣）の許可を必要とすることなく地方債を引き受けることは可能であることを，国会の委員会で明らかにしたものを簡潔にまとめたものです．

地方債の日銀引き受けは可能か？
【国会議員】
　地方公共団体に目を向けたいと思います．
（中略）
　地方公共団体が財源を確保する方法として，地方債というものがあります．都道府県や市区町村といった地方公共団体が必要な資金を調達するために発行する債券であります．地方債を発行することで地方が使えるお金を増やしますが，ただ，借金という性格上，利子や元本返済の問題が生じてきます．
（中略）
　そんな中，最近見聞きする提案の一つに，日本銀行がこの地方債を買入れしてみてはどうかという話があります．
　日銀が地方債を買い入れることについて調べてみましたところ，……アメリカではFRBが地方債を買入れしていることからもありますように，他国では実施されておりまして，検討する価値はあるのではないかと思いました．
　日銀による地方債の買入れについて，現在も慎重な姿勢は変わりないでしょうか．その他，地方債買入れについての日銀の見解も，もしあれば御答弁いただければと思います．

【日本銀行】
　委員の御指摘のとおり，……今の時点で地方債の買入れを行う必要性があるとは考えていないという形でお答えをさせていただきま

した．

　これには2つ背景があります．第一に，日本銀行は資金供給を金融市場に行っており，国債等の買入れで十分潤沢な資金供給ができているということ．第二に，日本の場合，地方債の市場ですけれども，アメリカとは異なりまして，例えば国債との金利差は非常に安定していて，地方債の市場が安定して推移しているという状況が今続いていること．

　そうしたことを踏まえまして，こうした見方，それから考え方には総裁が答弁したときとは大きな変更はございません．

【国会議員】

　もし日銀が地方債を買う場合に，日銀法の制限が掛かる可能性はあるのか？

　つまり，日銀法の四十三条です．これは，日本銀行は，日銀法の規定により日本銀行の業務とされた業務以外を行ってはならない．ただし，この法律に規定する日本銀行の目的達成上必要がある場合において，財務大臣及び内閣総理大臣の認可を受けたときは，この限りでないという条文です．

【日本銀行】

　地方債ということであれば，この四十三条の認可は必要ないと考えておりまして，通常業務である日銀法の三十三条の形で買い入れることができるとは考えております．

(参議院ホームページ「参議院　財政金融委員会【第201回国会】令和2年6月4日第15回号」浜田聡委員の質問より)

第8章 保険料の引き下げを

はじめに

　2050年の日本はどのような社会になっているのであろうか．2020年代に50代の世代（団塊ジュニア世代）は80代となり，30代（就職氷河期の最後の世代）は60代となる．

　2020年代にすでに生涯未婚だった団塊ジュニア世代の男女は，50代以降に結婚しなければ，独居老人となっている．男女でみると女性の方が寿命は長いので，2050年には圧倒的に多くの女性の独居老人が日本中でみられることになる．2020年代に30代だった就職氷河期の最後の世代は，生まれてから30年間日本が豊かであった時代を経験したことがない．この世代の男性では3割，女性では2割は，将来に希望が持てずに生涯結婚しない．この世代が定年間近となる．結婚しない男女には，孤独な老後だけが残されている．もし，日本社会が大きく変わらなければ，これが2050年の日本の風景だろう．

　そもそもどうしてこのように日本の多くの若者は，「結婚氷河期」を経験しなくてはならないようになったのだろうか．団塊の世代とは全く異なる社会を生きなければならなくなったのだろうか．

表 8-1 国民負担率(租税負担及び社会保障負担)の対国民所得比の推移

(%)

区分	国民負担率	租税負担	社会保障負担	区分	国民負担率	租税負担	社会保障負担
昭和30年度 (1955年)	22.2	18.9	3.3	平成11年度 (1999年)	36.3	22.8	13.4
35年度 (1960年)	22.4	18.9	3.6	12年度 (2000年)	37.0	23.5	13.5
40年度 (1965年)	23.0	18.0	5.0	13年度 (2001年)	37.5	23.3	14.2
45年度 (1970年)	24.3	18.9	5.4	14年度 (2002年)	36.0	21.8	14.2
50年度 (1975年)	25.7	18.3	7.5	15年度 (2003年)	35.3	21.2	14.1
55年度 (1980年)	30.5	21.7	8.8	16年度 (2004年)	36.2	22.1	14.1
56年度 (1981年)	32.2	22.6	9.6	17年度 (2005年)	37.6	23.3	14.3
57年度 (1982年)	32.8	23.0	9.8	18年度 (2006年)	38.6	24.0	14.7
58年度 (1983年)	33.1	23.3	9.7	19年度 (2007年)	39.3	24.4	14.9
59年度 (1984年)	33.7	24.0	9.8	20年度 (2008年)	40.3	24.1	16.2
60年度 (1985年)	33.9	24.0	10.0	21年度 (2009年)	38.1	21.9	16.2
61年度 (1986年)	35.3	25.2	10.1	22年度 (2010年)	38.5	22.1	16.3
62年度 (1987年)	36.8	26.7	10.1	23年度 (2011年)	39.7	22.7	17.0
63年度 (1988年)	37.1	27.2	9.9	24年度 (2012年)	40.5	23.2	17.4
平成元年度 (1989年)	37.9	27.7	10.2	25年度 (2013年)	41.3	23.9	17.4
2年度 (1990年)	38.4	27.7	10.6	26年度 (2014年)	42.6	25.0	17.7
3年度 (1991年)	37.4	26.6	10.7	27年度 (2015年)	43.4	25.6	17.8
4年度 (1992年)	36.3	25.1	11.2	28年度 (2016年)	42.8	25.1	17.7
5年度 (1993年)	36.3	24.8	11.5	29年度 (2017年)	42.7	25.0	17.7
6年度 (1994年)	35.5	23.6	11.9	30年度 (2018年)	44.2	26.0	18.2
7年度 (1995年)	36.6	23.9	12.6	令和元年度 (2019年)	44.3	25.7	18.6
8年度 (1996年)	36.4	23.7	12.7	2年度 (2020年)	47.9	28.1	19.8
9年度 (1997年)	37.1	24.0	13.1	3年度 (2021年)	48.1	28.8	19.3
10年度 (1998年)	37.1	23.6	13.5				

出所)国立社会保障・人口問題研究所「社会保険統計年報データベース」及び財務省より作成.

1. 若者が貧困化する仕組み

1.1 国民負担率の上昇が若者をむしばむ

表 8-1 は,国民負担率の推移を,その内訳の租税負担と社会保障負担の推移も含めて示したものである.平成元年(1989年)と比べると,

平成の間に国民負担率は国民所得に対する割合で 37.9% から 44.2% へと急上昇している．その最たる要因は，社会保険料の引き上げである．社会保障負担は，この間に 1.8 倍になった．

　団塊の世代，団塊ジュニアの世代，さらにはその後に続く就職氷河期の世代が，20 代 30 代の若年期における負担率もかなり異なる．図 8-1 と図 8-2 は，国民負担率と社会保障負担率それぞれの推移を示したものである．

　世代が後になるにつれて，各世代の若年期の平均国民負担率は上昇している．国民負担率の上昇の基底にあるのが，社会保障負担率の上昇であることがわかる．21 世紀になって以降，社会保障負担率は一層上昇している．

1.2　未婚者を増やす「社会保障負担」

　国民負担率の上昇の基底にあるのが，社会保障負担率の上昇である．そして，この社会保障負担が若年者の人生プランに大きな影響を与えたのが，平成の時代であった．図 8-3 は，1975 年時点を 1 とした場合の社会保障負担率，出生数，婚姻件数の推移を示したものである．昭和，平成と時代を経るにつれて，社会保障負担率と出生数および婚姻件数が，まるでワニの口のように大きく開いていくのがわかる．特に，上あご（社会保障負担率）の上昇がすさまじいことがわかる．1975 年比でみると，1947 年生まれの団塊の世代が 20 代 30 代の若年期だったときの平均値は 1.3 であった．つまり，社会保障費は 30% 上昇したことになる．しかしながらその値が，1973 年生まれの団塊ジュニア世代では 1.9．さらに，1990 年生まれの就職氷河期世代では 2.4 と，2 倍を超えていく．20 代 30 代の若年期に，手取りの所得（可処分所得）が減少していったのである．当然ながら，若者たちは将来への希望が見いだせず，結婚を躊躇するようになった．

　婚姻数および出生数は，軒並み低下しているのがわかる．1975 年比

226 第Ⅲ部　セーフティネットの構築と財源

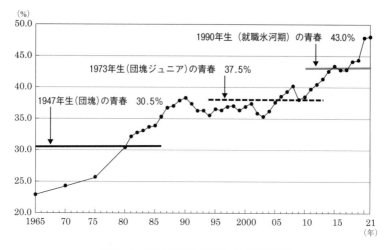

図8-1　国民負担率の推移（対国民所得）

出所）国立社会保障・人口問題研究所「社会保険統計年報データベース」及び財務省より作成．

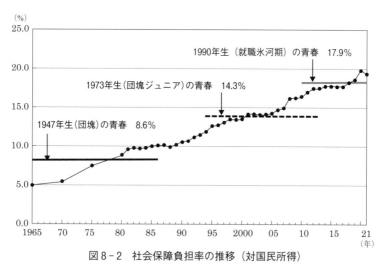

図8-2　社会保障負担率の推移（対国民所得）

出所）国立社会保障・人口問題研究所「社会保険統計年報データベース」及び財務省より作成．

第 8 章 保険料の引き下げを 227

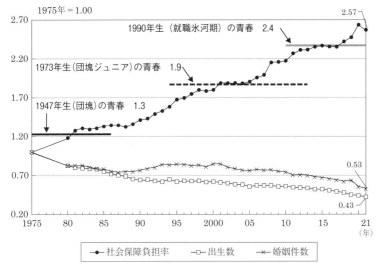

図 8-3 社会保障負担率・婚姻数・出生数の推移

出所）国立社会保障・人口問題研究所「社会保険統計年報データベース」，財務省，及び厚生労働省「人口動態統計」より作成．

でみると，2021 年時点で婚姻数は 0.53，出生数は 0.43 となっている．つまり 1975 年時点からみて，結婚する人は半減し，生まれてくる赤ちゃんの数は半数以下となっているわけである．1975 年というと，ちょうど団塊ジュニア世代が生まれたころである．この年の出生数は，190 万人である．1972〜1974 年は，200 万人を超える赤ちゃんが生まれている．第二次ベビーブームと呼ばれた時期である．このころ赤ん坊を抱えた世代が，団塊の世代であった．

時代を経て，団塊ジュニアが結婚・出産する 2000 年代初めの時期はどうか．21 世紀初めの 2001 年は，ミレニアム・ベビーともいわれる記念すべき年であったが，この年の出生数は 117 万人．婚姻件数は 80 万件を切っていた．つまり，21 世紀は結婚と出産が激減するなかで，人口減少社会を体現していくことで幕を開けた．この時期に親となる団塊ジュニア世代には，社会保険料の重圧がズシリと覆いかぶさっていた．

さらに，令和の時代になって親となる世代が就職氷河期世代である．1990年生まれの就職氷河期世代の社会保障負担率は，1975年比でみて2.4倍である．平成30年（2018年）に婚姻件数は60万件を切った．そして，それは回復することなく，令和の時代になって一層低下していく．わずか数年後の令和3年（2021年）の婚姻件数は，約10万件減少の50万件となる．この年生まれた赤ちゃんの数も80万人となっている．これが令和の時代の「異次元の少子化対策」なのだろうか．社会保険料の上昇は，若者の人生設計に影響を与えた．この時計の針を逆に回すことを始めてみることが，令和の時代には必要ではないだろうか．

2. 国民を豊かにする仕組み

2.1 保険料の引き下げは，賃金を引き上げる

日本の企業の99%は中小企業から成り立っている．平成の間，中小企業を苦しめてきた原因の一つが社会保険料の引き上げである．

日本の社会保険料は，労使折半であるため，保険料の引き上げは個人だけではなく，雇用主である企業にも多大な影響を与える．保険料の引き上げは，個人にとっても企業にとっても，実質的に「増税」である．企業はその分だけ，雇用者に渡す賃金を引き下げざるを得ない．あるいは，賃金を引き上げたくても，保険料の引き上げ分だけ，賃金の上昇率を踏みとどめざるを得なくなる．そのため企業は，正規社員の雇い止めや，非正規社員の増員への舵をきることになる．

前節では，これまで社会保障負担率が上昇してきたこと，そして，それとは逆に婚姻件数・出生数は低下してきた事実を見てきた．社会保障負担率と婚姻件数は，負の相関関係にある．特に21世紀になってからは，これらの趨勢は一層拍車をかけて進んでいる．国民の平均所得も減少したが，正規雇用者の平均所得だけをみると，21世紀になってから

はほぼ横ばいなのである．つまり，企業は正規雇用者の所得は維持していたが，非正規社員との待遇差をはっきりとつけるようになったのである．まるで，これでは身分制社会であると言える．ただ，正規社員の若者も，政府が社会保険料を一層増加させたために，結婚へ踏み切ることを躊躇するようになったと言える．社会保険料のこれ以上の引き上げは，明らかに限界にきていると言えるのではないか．

ここで，時計の針を逆に回すことを考えてみよう．つまり，昭和の終わりから平成の時代の30年間かけて引き上げてきた社会保険料を引き下げていった場合に起こることである．

平成元（1989）年当時，国民所得に占める社会保障負担率は10.2%であった．2021年時点では19.3%と，およそ倍になっている．個人が負担する社会保障負担が倍になるだけではなく，企業が個人を正規社員として雇用した場合，企業側の負担も平成のはじめと比べて倍となっているのである．

もし，社会保険料をいまの半額まで引き下げれば，個人の手取り所得（可処分所得）が上昇するだけではない．企業も保険料の減額分だけ，社員への給与を引き上げるインセンティブが増すことになる．

そもそも，保険制度を継続していくために，保険料による負担が公費による負担を上回ることがあってはならないという暗黙の縛りがあったと考えられる．しかしながら，いまや社会保険全体の財源を見渡すと，保険料負担と公費負担は半分ずつとなっている．もはや，医療や介護という社会保障を保険で行うのがいいのか，それとも公費で行うのがいいのか，抜本的な改革をするときにきているのではないだろうか．この問題については，最後の節で，保険負担と公費負担はどちらが良いパフォーマンスなのかをレビューした研究を紹介したい．

2.2 分厚い中間層の復活が重要

すでにこれまでの章でみてきたように，団塊世代に比べて団塊ジュニ

ア以降の世代では，賃金の低下が続いている．全世帯の世帯所得の中央値の推移をみても，この25年間で約100万円低下しており（545万円（1995年）→440万円（2020年）．厚生労働省「国民生活基礎調査」より），中間層の平均所得は大きく低下している．日本の所得分布の推移を調べたものでも，中間層は縮小し，平均的な世帯収入が伸び悩む中，社会保険料が増加していることが指摘されている（Tanaka and Shikata 2019）．今後の医療・介護制度がうまく機能するためには，日本の中間層の復活が重要であろう．

「圧迫された」中間層の復活のためには，社会保険料負担の引き下げは，中間層の可処分所得を引き上げる有用な手段である（安藤・古市 2019）．実際，『全国消費実態調査』（2009年）の個票データを用いて集計した研究結果（田中・四方・駒村 2013）をみると，医療介護の「社会保険料」と医療介護の「自己負担」について，所得の少ないグループ（最も少ないのは第一分位）の方が負担割合（社会保険料6.8%と自己負担3.0%）は高く，所得の多いグループ（最も多いのは第十分位）の方が負担割合（それぞれ4.3%と0.7%）は少ないというように，逆進的になっているのである．

自己負担に関しては，医療・介護ともに近年引き上げられる傾向にある．特に，低所得層に対して一定の自己負担減免を実施してはいるものの，中間層や高所得層に対しては自己負担が引き上げられる傾向にある．自己負担の引き上げは，現物給付の減額を意味する．

そもそも，現物給付は社会保障制度の上でどのような効果を発揮するのであろうか．現物給付はさまざまな個人の健康，生活の質，労働供給，認知機能の結果に重要な影響を与えることが，海外の実証研究では近年蓄積されている（Aaberge and Langørgen 2006; Marical *et al.* 2008; Paulus, Sutherland, and Tsakloglou 2010）．日本では，こうした研究はまだ数少ないが，小玉・小嶋（2017）では医療・介護の現物給付に，ある程度の所得再分配効果があることを明らかにしている．

今後中長期的に中間層を復活させていくためには，中間層への負担軽

減としての社会保険料の減額を公費で賄うことは有効な手段となるだろう．短期的に，公債発行により負担と給付の関係を切り離すことは，何人かの専門家にも理解を得ている（安藤・古市 2019）．中長期的にも，通貨発行権を持つ日本においてそれが可能であることを多くの国民が理解するには，いましばらく議論の余地があるかもしれない．

2.3 政府負担は社会保険負担より優れている

先進諸国ではなく，低・中所得諸国を対象として，その医療財政制度のパフォーマンスを比較した研究がある（Gabani, Mazumdar, and Suhrcke 2023）．これらの国々は，国民全員に医療を提供できるシステムの構築に向けて前進中である．現状の医療財政制度は，3つのグループに分けられる．1つ目は，患者自己負担を中心としたもの．2つ目は，日本，ドイツ，フランスなどが採用しているような社会保険方式のもの．3つ目が，イギリスなどが採用している政府負担方式のものである．イギリスが採用している制度は「税方式」とも呼ばれるが，実質的には税と公債による公費により政府によって財政運営されている．そのため，先行論文でも "government-financed systems" と呼ばれており，ここでも「政府負担方式」と呼ぶことにする．

実は，低中所得諸国をレビューした結果，患者自己負担主体のシステムから政府負担方式へ移行することで，パフォーマンスが以前よりも改善されたことが報告されている．政府負担方式への移行で，平均余命は1.3年延長され，5歳未満の乳幼児の死亡率は8.7%も低下している．しかも，こうした結果はいくつかの実証分析を行っても頑健な結果となっている．

これに対して，社会保険方式への移行の場合は，制度の導入コストが高く，保険適用範囲が限定されていることが指摘されている．これらの結果から論文では，国民全員に医療を提供できるシステムの構築に向けて邁進している国の政策立案者に対して，社会保険方式よりも政府負担

方式の検討を示唆している．

　ひるがえって，今日の先進諸国の社会保障の財政運営方式を検討することもできるだろう．特に，社会保険方式に暮らす日本人の保険料が急上昇する中，保険方式での運営は困難を極めている．加えて30年も続く不況の中で，保険料の上昇は低所得者や若年層を直撃している．思い切って保険料を廃止し，全額公費で運営する政府負担方式に移行することを検討する秋（とき）なのかもしれない．

　保険料を廃止し，公費で行うことのメリットは，特に低所得者や若年者には計り知れないものとなろう．第一に，保険料を徴収する社会保険方式は逆進的であり，格差拡大をすすめるシステムであるからである．これに対して，政府負担方式は医療や介護を必要としている社会的弱者に多くの経済的支援をすることを意味しており，格差縮小的なシステムと言える．

　第二に，経済全体に与える影響は非常に大きい．社会保障全体に占める保険料の割合は約50%であり，その金額は50兆円以上にのぼる．毎年，この金額を国民から保険料という形で徴収するのを，政府が肩代わりするわけである．当然ながら，税金ですべてを賄うことは不可能であろう．そのため，多くは公費負担となるわけである．これは，政府による国民への給付という形となる．イギリスをはじめ政府負担方式を採用している国々は，近年公費負担による傾向を強めている．日本も，社会保険方式から政府負担方式に移行するときかもしれない．移行を行うことによって，国民に負担を課すようなことがあっては，実現は不可能であろう．むしろ移行するにあたって，保険料が全額無料になるという利益を国民にもたらすのが最善である．そして，その経済的インパクトは毎年50兆円以上の財政出動と同じである．低所得者や社会的弱者にもたらす影響は絶大であろう．

3. 財源確保のための諸説

3.1 保険料の上昇は格差拡大システム

　これまで，世代間の不平等に焦点をあて議論を展開してきた．給付と負担の観点からみて，世代間の不公平は明らかである．しかし，一時点における負担（拠出金）の設定においても，強い疑問を覚えざるを得ない．ここでは，（当初）所得階級ごとの拠出金がどれくらいであるのかをみてみたい．

　厚生省の「所得再分配調査」（令和3年版）をもとに，当初所得別の税と保険料の拠出額を所得階級別に示したものから，拠出額が当初所得のうちどれくらいの割合を占めるかを追記してあらわしたものが，表8-2である．社会保険料の拠出の内訳として，年金，医療，介護・その他と明記されている．

　これをみると，低所得層（所得階級5＝当初所得250万円未満）まで強い逆進性があることがわかる．所得階級5を詳しく見てみよう．当初所得の平均値は223万円で，そのうち税金として22万円，社会保険料として34万円，合計56万円を拠出している．かなり生活は厳しいであろう．特に，社会保険料の拠出額は当初所得の15%を占めている（税と合わせると25%）．以前から社会保険料の逆進性は指摘されてきたが，それは最低所得層（所得階級3＝当初所得150万円未満）における強い逆進性を指摘するものであった（阿部 2000）．いまや，中流階層まで社会保険料の負担は極めて重く感じるのではないか．

　1990年代以降，日本が長期の経済的不況にあるなか，社会保険料だけはどんどん引き上げられていった．それが経済的最貧層だけではなく，中間層まで打撃を与えていったことは想像に難くない．そもそも「公平」の概念を振り返ると，大きく分けて2つある．一つは，水平的公平

表 8-2 当初所得階級別の拠出割合（税＋社会保険料）

所得階級	[当初所得階級]	当初所得(A)(万円)	拠出（万円）(B)							拠出（%）＝(B)/(A)					受給総額(万円)
			総額	税金	合計	社会保険料				総額	税金	合計	社会保険料			
						年金	医療	介護・その他					年金	医療	介護・その他	
	総数	423.4	109.0	52.4	56.7	25.7	22.3	8.7	26%	12%	13%	6%	5%	2%	189.8
1	50万円未満	11.8	21.9	9.3	12.6	0.2	6.0	6.4	186%	79%	107%	2%	51%	54%	267.9
2	50～100	72.7	27.7	12.0	15.7	0.8	8.4	6.6	38%	17%	22%	1%	12%	9%	228.2
3	100～150	121.6	33.8	14.8	19.0	1.3	10.0	7.6	28%	12%	16%	1%	8%	6%	242.3
4	150～200	173.5	43.6	17.7	25.9	6.8	12.4	6.7	25%	10%	15%	4%	7%	4%	213.3
5	200～250	222.5	56.4	22.3	34.1	10.1	16.3	7.7	25%	10%	15%	5%	7%	3%	226.3
6	250～300	273.3	58.2	20.6	37.6	14.2	15.9	7.6	21%	8%	14%	5%	6%	3%	165.8
7	300～350	322.1	74.6	29.2	45.4	17.3	20.4	7.7	23%	9%	14%	5%	6%	2%	150.2
8	350～400	372.1	79.0	29.3	49.7	20.1	21.1	8.5	21%	8%	13%	5%	6%	2%	178.2
9	400～450	419.9	98.7	40.6	58.1	24.9	24.1	9.0	24%	10%	14%	6%	6%	2%	180.5
10	450～500	475.6	103.0	38.1	64.9	32.3	24.8	7.8	22%	8%	14%	7%	5%	2%	129.6
11	500～550	522.4	117.7	44.9	72.9	34.7	28.1	10.1	23%	9%	14%	7%	5%	2%	187.2
12	550～600	572.3	121.9	46.6	75.3	37.6	29.7	7.9	21%	8%	13%	7%	5%	1%	124.2
13	600～650	621.6	138.1	55.8	82.3	45.8	27.6	9.0	22%	9%	13%	7%	4%	1%	137.9
14	650～700	675.5	158.6	63.8	94.8	48.3	34.8	11.7	23%	9%	14%	7%	5%	2%	119.8
15	700～750	721.7	156.7	60.8	95.9	50.9	33.7	11.3	22%	8%	13%	7%	5%	2%	102.5
16	750～800	776.1	174.9	68.5	106.4	55.1	38.7	12.6	23%	9%	14%	7%	5%	2%	154.0
17	800～850	821.2	203.1	86.6	116.5	68.6	38.5	9.3	25%	11%	14%	8%	5%	1%	82.8
18	850～900	874.4	207.2	88.2	119.0	63.2	43.8	12.0	24%	10%	14%	7%	5%	1%	73.4
19	900～950	923.7	208.0	87.4	120.6	63.3	43.9	13.5	23%	9%	13%	7%	5%	1%	83.2
20	950～1,000	973.2	223.8	90.3	133.5	75.5	45.4	12.6	23%	9%	14%	8%	5%	1%	149.3
21	1,000万円以上	1,553.4	416.7	251.0	165.7	88.6	61.8	15.3	27%	16%	11%	6%	4%	1%	102.9

出所）厚生省「所得再分配調査」令和3（2021）年。

性である．これは，同程度の所得を持つ人は同程度の拠出負担をするべきであるという概念である．これについて異論を唱える人はほぼいないだろう．もう一つは，垂直的公平性である．これは，どの社会にも高所得者と低所得者はいるだろうが，高所得者には多くの拠出負担を求め，低所得者は負担免除あるいは，少ない拠出負担だけを求め，高所得者と低所得者間の公平を保つようにするという概念である．

　所得については，「垂直的公平」についての合意形成はある程度なされていると言っていいが，保険料については合意形成はなされないままできていると言える．つまり，所得税については，高所得者は累進的に多くの税を拠出し，低所得者は負担を減免，あるいは少ない額の所得税だけ拠出すればよい．ただし，社会保険料については，所得の多寡にかかわらず，広く浅く拠出すべきであるということである．橘木（1998）では「所得に累進性を持たせることに異議は少ないが，保険料に累進性を持たせることに合意はない」と述べていた．

　しかしながら，所得に占める保険料の割合が10%を大きく超える水準になることは，人が文化的な生活を維持するのに困難が生じるのではないだろうか．高所得者だから，保険料も累進的に多額の拠出をすべきだと明言するわけではない．しかし，保険料がここまで大きな負担となり，特に低所得層や中間所得層にまで影響を与える水準にまでなれば，新しいやり方を考えてもよいのではないか．それは，これまで述べてきた公費による負担増である．

　いまの社会保険料の負担方式は，ある意味「人頭税」であると言える．そして，保険料の上昇は，特に低所得者をますます貧困化させるという意味で，格差拡大システムとなっている．

　国民の負担を増やさないため，さらには国民の負担を減らすためには，保険料負担の減少と，それに代わる公費拠出の拡大を考えるときではないだろうか．ただし，公債を使わない場合は，税で調達するという考え方もあり，こうした議論も次項で併記しておく．

3.2 財源調達の方法

社会保険料の引き下げを行えば，医療給付の財源が不足するので，なんらかの方法で財源調達を図る必要がある．その候補は税収によるものとなる．国の経済を強くするには減税政策が好ましいが，財源不足によって医療給付が減少すれば国民の生活を苦しめるし，国民の安心感の確保にもマイナスなので避けられない政策である．候補は所得税，法人税，消費税の三者であるが，好ましい順序付けをすれば，消費税，所得税，法人税であり，基本はこの三者の組み合わせとなる．法人税は世界各国で現在のものが共通トレンドなので，日本だけ法人税を上げると国際競争上でマイナスになりかねない．所得税に関しては，所得分配への配慮から増税するなら，累進度を元に戻すためにも高額所得者への増税策の導入である．

候補の内でふさわしいのは，消費税率のアップ策であろう．日本の消費税率は現在10%であるが，ヨーロッパ諸国はすでに20%前後に達しているし，最たる福祉国家であるデンマークではなんと25%である．日本では消費税アップ政策には抵抗感が強く，容易に導入可能とは思えないが，それによって社会保障制度が充実すれば，国民の生活保障と安心感の賦与のためには必要な政策である．さしあたっては，15%前後の税率が目標となろうか．

消費税の難点は，低所得者に打撃を与える逆進性にある．それを除去するために，食料品などへの軽減税率制が導入されている．なぜ，消費税が社会保障の財源としてふさわしいかは，例えば橘木（2005, 2010, 2018）を参照されたい．

現在では食料品などが8%に軽減されているが，それをもっと下げる必要がある．イギリスでは食料品などはゼロ%にまで下げられているほどである．

軽減税率の実施については，税務事務の複雑性から中小企業を中心に

して嫌悪感がある．しかし，2023年10月からインボイス制度が導入された．コンピューターの普及によって事務作業がやりやすくなったし，何よりも軽減税率の適用に好都合になったので，更なる軽減税率の引き下げ策の導入に進んでほしいものである．

　実は日本の社会保障給付の財源としては，すでに税収がかなり投入されている．例えば，年金であれば基礎年金給付額の半分は税収が充てられているし，医療・介護ともに税収の比率もかなり高くなっている．ここでの提言は，その現状をもっと押し進めて，税収の比率をもっと高めよ，ということと同義になると考えてよい．

参考文献

Aaberge, R. and A. Langørgen (2006), "Measuring the Benefits from Public Services: The Effects of Local Government Spending on the Distribution of Income in Norway," *Review of Income and Wealth*, Vol. 52(1), pp. 61-83.

Akaichi, F., J. Costa-Font, and R. Frank (2020), "Uninsured by Choice? A Choice Experiment on Long Term Care Insurance," *Journal of Economic Behavior & Organization*, Vol. 173, pp. 422-434.

Bartoll, X., V. Toffolutti, D. Malmusi, L. Palència, C. Borrell, and M. Suhrcke (2015), "Health and Health Behaviours before and during the Great Recession, Overall and by Socioeconomic Status, Using Data from Four Repeated Cross-Sectional Health Surveys in Spain (2001-2012)," *BMC Public Health*, Vol. 15, article no. 865.

Bentham, J. (1789), *An Introduction to the Principles of Morals and Legislation*, London: T. Payne.（山下重一訳『世界の名著 (38) 道徳および立法の諸原理序説』中央公論社, 1967 年）

Bosworth, B. (2014), "The Richer You are the Older You'll Get," *Wall Street Journal*, April 18, 2014.

Chang, S.-S., D. Gunnell, J. A. C. Sterne, T.-H. Lu, and A. T. A. Cheng (2009), "Was the Economic Crisis 1997-1998 Responsible for Rising Suicide Rates in East/Southeast Asia? a Time-Trend Analysis for Japan, Hong Kong, South Korea, Taiwan, Singapore and Thailand," *Social Science & Medicine*, Vol. 68(7), pp. 1322-1331.

Chang, S.-S., D. Stuckler, P. Yip, and D. Gunnell (2013), "Impact of 2008 Global Economic Crisis on Suicide: Time Trend Study in 54 Countries," *BMJ*, Vol. 347 (Published 17 September 2013), article no. f5239.

Copeland, A., C. Bambra, L. Nylén, A. Kasim, M. Riva, S. Curtis, and B. Burström (2015), "All in it Together? the Effects of Recession on Population Health and Health Inequalities in England and Sweden, 1991-2010," *Interna-

tional Journal of Health Services, Vol. 45(1), pp. 3-24.
DiMasi, J. A., H. G. Grabowski, and R. W. Hansen (2016), "Innovation in the Pharmaceutical Industry: New Estimates of R&D Costs," *Journal of Health Economics*, Vol. 47, pp. 20-33.
Finn, A. and J. J. Louviere (1992), "Determining the Appropriate Response to Evidence of Public Concern: The Case of Food Safety," *Journal of Public Policy & Marketing*, Vol. 11(2), pp. 12-25.
Frasquilho, D., M. G. Matos, F. Salonna, D. Guerreiro, C. C. Storti, T. Gaspar, and J. M. Caldas-de-Almeida (2015), "Mental Health Outcomes in Times of Economic Recession: A Systematic Literature Review," *BMC Public Health*, Vol. 16, article no. 115.
Gabani, J., S. Mazumdar, and M. Suhrcke (2023), "The Effect of Health Financing Systems on Health System Outcomes: A Cross-Country Panel Analysis," *Health Economics*, Vol. 32(3), pp. 574-619.
Hodge, G. A. (2019), *Privatization: An International Review of Performance*, Boulder: Routledge.
Howker, E. and S. Malik (2013), *Jilted Generation: How Britain Has Bankrupted Its Youth*, revised edition, London: Icon Books.
Ikeda, N., E. Saito, N. Kondo, M. Inoue, S. Ikeda, T. Satoh, K. Wada, A. Stickley, K. Katanoda, T. Mizoue, M. Noda, H. Iso, Y. Fujino, T. Sobue, S. Tsugane, M. Naghavi, M. Ezzati, and K. Shibuya (2011), "What has made the population of Japan healthy?" *Lancet*, Vol. 378(9796), pp. 1094-1105.
Johnson, C. A. (1982), *MITI and the Japanese Miracle: The Growth of Industrial Policy, 1925-1975*, Stanford: Stanford University Press.（佐々田博教訳『通産省と日本の奇跡——産業政策の発展 1925-1975』勁草書房，2018 年）
Kawachi, I., S. V. Subramanian, and D. Kim (eds.) (2007), *Social Capital and Health*, New York: Springer.
Kondo, N., G. Sembajwe, I. Kawachi, R. M. van Dam, S. V. Subramanian, and Z. Yamagata (2009), "Income Inequality, Mortality, and Self Rated Health: Meta-Analysis of Multilevel Studies," *BMJ*, Vol. 339(7731), pp. 1178-1181.
Lu, H., P. Burge, and J. Sussex (2021), "Measuring Public Preferences between Health and Social Care Funding Options," *Journal of Choice Modelling*, Vol. 38, article no. 100266.
Marical, F., M. M. d'Ercole, M. Vaalavuo, and G. Verbist (2008), "Publicly Provided Services and the Distribution of Households' Economic Resources,"

OECD Journal: Economic Studies, No. 44(2008/1), pp. 1-38.
Miller, W. L. and P. C. White (2023), "History of Adrenal Research: From Ancient Anatomy to Contemporary Molecular Biology," *Endocrine Reviews*, Vol. 44(1), pp. 70-116.
Mori, T. and T. Tsuge (2017), "Best-worst Scaling Survey of Preferences Regarding the Adverse Effects of Tobacco use in China," *SSM-Population Health*, Vol. 3, pp. 624-632.
OECD (2009), *Governance at a Glance 2009*, Paris: OECD.
Oshio, T. (2020), "Lingering Impact of Starting Working Life During a Recession: Health Outcomes of Survivors of the "Employment Ice Age" (1993-2004) in Japan," *Journal of Epidemiology*, Vol. 30(9), pp. 412-419.
Paulus, A., H. Sutherland, and P. Tsakloglou (2010), "The Distributional Impact of In Kind Public Benefits in European Countries," *Journal of Policy Analysis and Management*, Vol. 29(2), pp. 243-266.
Putnam, R. D. (1993), *Making Democracy Work: Civic Traditions in Modern Italy*, Princeton: Princeton University Press.（河田潤一訳『哲学する民主主義──伝統と改革の市民的構造』NTT出版，2001年）
Rawls, J. (1971), *A Theory of Justice*, Cambridge, MA: Harvard University Press.（川本隆史・福間聡・神島裕子訳『正義論〔改訂版〕』紀伊國屋書店，2010年）
Sen, A. (1985), *Commodities and Capabilities*, New York: North-Holland.（鈴村興太郎訳『福祉の経済学──財と潜在能力』岩波書店，1988年）
Tanaka, S. and M. Shikata (2019), "The Middle Class in Japan, 1994-2009: Trends and Characteristics," Keio-IES Discussion Paper Serie (Institute for Economics Studies, Keio University), No. DP2019-001.
Thomson, R. M. and S. V. Katikireddi (2018), "Mental Health and the Jilted Generation: Using Age-Period-Cohort Analysis to Assess Differential Trends in Young People's Mental Health Following the Great Recession and Austerity in England," *Social Science & Medicine*, Vol. 214, pp. 133-143.
Vogel, S. K. (1996), *Freer Markets, More Rules: Regulatory Reform in Advanced Industrial Countries*, 1st print Cornell paperbacks 1996, Ithaca, N.Y.: Cornell University Press.（岡部曜子訳『規制大国日本のジレンマ──改革はいかになされるか』東洋経済新報社，1997年）
秋山弘子（2010）「長寿時代の科学と社会の構想」『科学』第80巻第1号，59-64頁．

阿部彩（2000）「社会保険料の逆進性が世代内所得不平等度にもたらす影響」『季刊社会保障研究』第36巻第1号，67-80頁．

安藤道人・古市将人（2019）「中間層と福祉国家——税・社会保険料・社会保障の再分配効果の諸研究の検討」『DIO』（連合総研）第32巻第6号，14-18頁．

猪飼周平（2010）『病院の世紀の理論』有斐閣．

石井加代子（2011）「経済的地位と医療サービスの利用」『パネルデータによる政策評価分析(2)　教育・健康と貧困のダイナミズム——所得格差に与える税社会保障制度の効果』慶應義塾大学経済学部附属経済研究所パネルデータ設計・解析センター報告書，第6章，2011年3月31日発行．
https://www.pdrc.keio.ac.jp/uploads/ded1565ccd59e0d3bfbc14689a365574.pdf

大泉啓一郎（2007）『老いてゆくアジア——繁栄の構図が変わるとき』中公新書．

小塩隆士（2021）『日本人の健康を社会科学で考える』日本経済新聞出版社．

カワチ，イチロー，S・V・スブラマニアン，D・キム編，藤澤由和・高尾総司・濱野強監訳（2008）『ソーシャル・キャピタルと健康』日本評論社．

カワチ，イチロー，ブルース・P・ケネディ著，西信雄・高尾総司・中山健夫監訳，社会疫学研究会訳（2004）『不平等が健康を損なう』日本評論社．

キャンベル，T・コリン，トーマス・M・キャンベル，松田麻美子訳（2016）『チャイナ・スタディー——葬られた「第二のマクガバン報告」合本版』グスコー出版．

久米郁男（1988）「戦後日本における行政の発展——試論」『季刊行政管理研究』第42号，27-38頁．

ケルトン，ステファニー，土方奈美訳（2020）『財政赤字の神話——MMTと国民のための経済の誕生』早川書房．

小玉高大・小嶋大造（2017）「生涯ベースの家計の受益と負担にもとづく税・社会保険料改革のあり方——「全国消費実態調査」個票データを用いたマイクロシミュレーション」KIER Discussion Paper（京都大学経済研究所），No. DP1702．

小林廉毅（2015）「社会保障制度」川上憲人・橋本英樹・近藤尚己編『社会と健康——健康格差解消に向けた統合科学的アプローチ』東京大学出版会，195-208頁．

近藤克則（2005）『健康格差社会——何が心と健康を蝕むのか』医学書院．

近藤克則（2017）『健康格差社会への処方箋』医学書院．

財務省（2021）「診療報酬改定におけるマクロの改定率」，資料「社会保障総論」8頁．

坂口一樹（2009）「米国医療関連産業の政治力，米国政府の対日圧力，およびそれらがわが国の医療政策に与えてきた影響」日医総研ワーキングペーパー（日本医師会総合政策研究機構），No. 198.

佐藤一磨（2017）「学歴が健康に与える影響——大学進学は健康を促進するのか」『社会保障研究』第2巻第2・3号，379-392頁.

司馬遼太郎（1994）『街道をゆく（40） 台湾紀行』朝日新聞社.

島崎謙治（2020）『日本の医療——制度と政策〔増補改訂版〕』東京大学出版会.

下田裕介（2019）「団塊ジュニア世代の実情——「不遇の世代」を生み出したわが国経済・社会が抱える課題」『JRIレビュー』第5巻第66号，42-64頁.

高野陽太郎（2013）『認知心理学』放送大学教育振興会.

橘木俊詔（1998）『日本の経済格差——所得と資産から考える』岩波新書.

橘木俊詔（2000）『セーフティ・ネットの経済学』日本経済新聞社.

橘木俊詔（2002）『安心の経済学——ライフサイクルのリスクにどう対処するか』岩波書店.

橘木俊詔（2005）『消費税15％による年金改革』東洋経済新報社.

橘木俊詔（2006）『格差社会——何が問題なのか』岩波新書.

橘木俊詔（2010）『安心の社会保障改革——福祉思想史と経済学で考える』東洋経済新報社.

橘木俊詔（2018）『福祉と格差の思想史』ミネルヴァ書房.

橘木俊詔（2019）『社会保障入門』ミネルヴァ書房.

田中聡一郎・四方理人・駒村康平（2013）「高齢者の税・社会保障負担の分析——「全国消費実態調査」の個票データを用いて」『フィナンシャル・レビュー』第115号（2013年6月号），117-133頁.

豊田哲也（2011）「都道府県別に見た世帯所得の分布と平均寿命の変化——地域の所得格差は健康を損なうか」『徳島大学総合科学部人間科学研究』第19巻，87-100頁.

21世紀政策研究所（2022）「中間層復活に向けた経済財政運営の大転換」報告書，2022年6月.

長谷川英祐（2010）『働かないアリに意義がある』メディアファクトリー.

パットナム，ロバート・D. 河田潤一訳（2001）『哲学する民主主義——伝統と改革の市民的構造』NTT出版.

百田尚樹（2021）『日本国紀（下）〔新版〕』幻冬舎文庫.

広井良典（1999）『日本の社会保障』岩波新書.

藤井聡（2020）『令和版 公共事業が日本を救う——「コロナ禍」を乗り越えるために』育鵬社.

保阪正康（2022）『世代の昭和史——「戦争要員世代」と「少国民世代」からの告発』毎日新聞出版.
前田健太郎（2014）『市民を雇わない国家——日本が公務員の少ない国へと至った道』東京大学出版会.
マキューン，トーマス，酒井シヅ・田中靖夫訳（1992）『病気の起源——貧しさ病と豊かさ病』朝倉書店.
森剛志・後藤励（2012）『日本のお医者さん研究』東洋経済新報社.
山川浩司（1995a）「医薬科学技術の近現代史素描(3)　19世紀の後半から第2次世界大戦まで」『薬史学雑誌』第30巻第1号，1-10頁.
山川浩司（1995b）「医薬科学技術の近現代史素描(4)　第2次世界大戦後の50年」『薬史学雑誌』第30巻第2号，75-90頁.

あとがき

　戦後の日本で，社会的経済的に大きな影響を与えた3つの人口の塊（団塊の親世代，団塊の世代，団塊ジュニア世代）を本書では扱ってきた．そのなかでも，団塊ジュニア世代の窮乏ぶりは顕著である．団塊ジュニア世代とは，戦後まもなく生まれた1947〜49年生まれの団塊の世代の子どもたちの世代である．バブル崩壊後の1990年代後半から2000年代に就職の時期にあたり，就職氷河期を生き延びなければならなかった．度重なる経済政策の誤りの中で，団塊ジュニア世代は国家に見捨てられた世代と言える．

　確かに，団塊の親世代の思春期も悲惨なものであった．団塊の親世代とは，本書で命名したものであるが，団塊の世代の親の世代のことである．つまり，団塊ジュニアの祖父母にあたる大正生まれの世代である．彼らの思春期は，国家の政策によって大きな被害を被った．同世代の男性のうち，7人に1人は戦場で死んでいる．女性たちも，配偶者が戦場で亡くなった人たちや，結婚相手に恵まれなかった人たちも大勢いた．しかし，戦後荒廃した焦土の中から，中核となって働いて日本の経済復興を達成したのは団塊の親世代であった．

　1985年に全国民共通の基礎年金が導入され，2000年に介護保険法が制定された．終戦の年の1945年に20歳であった人は，1985年には60歳，2000年には75歳となっていた．60歳の退職とともに年金が支給され，後期高齢者となる75歳には介護制度を利用できるように，国家は団塊の親世代の老後を保証した．これが，本来の国家のあるべき姿と言える．

　しかし，団塊ジュニア世代では様相は大きく異なる．彼らの世代は，たとえ大企業の正社員として就職したとしても，それまでの世代と比べ

ると，昇進は遅く，賃上げは鈍く，老後の生活に不安は付きまとっている．正規雇用ではなく非正規雇用であれば，なおさらである．

団塊ジュニア世代は，少し上の年齢の「バブル世代」と比べると，就職の時から大きな落差を味わっている．

現在のような人手不足の雇用環境で，雇う側は人材確保のために給与を上昇させ待遇改善をしているが，団塊ジュニア世代はその恩恵を受けずにきた世代である．低賃金と低待遇で，資産も形成させることができずにきた団塊ジュニア世代の老後は，このままでいけば大変厳しいものとなるだろう．

政府による誤った政策は，雇用環境の破壊だけではない．平成の時代の 30 年間，不況が継続していたにも関わらず，政府はひたすらに国民負担率を上昇させてきた．最終章では，社会保険料の負担の上昇の被害を直接に受けてきた世代こそが団塊ジュニア世代であり，そのために結婚をためらった可能性があることを述べた．2000 年時点で 27 歳であった 1973 生まれの団塊ジュニア世代は，2038 年に 65 歳の高齢者となり，2048 年には 75 歳の後期高齢者となる．彼らの医療，年金，介護を，政府は保証しなくてはならない．それは，本来あるべき国家の役目であろう．まだ時間は残されている．打つべき政策をどれだけ打てるかにかかっているのではないか．本書が長きにわたる政策の誤りに気付く一助になれば幸いである．

本書の刊行のきっかけを提供してくださったのは，東京大学出版会の大矢宗樹氏である．団塊ジュニア世代にあたる大矢氏が，熱い思いをもって引き受けてくださらなければ，刊行にはいたらなかったであろう．改めて感謝の意をここに記したい．また，立野純三研究奨励助成金による支援を受けた．ここに感謝の意を示したい．

2024 年 11 月

橘木　俊詔

森　　剛志

索　引

■アルファベット

GDP 伸び率至上主義　48
NHS（国民健康サービス）　83, 92
60 年償還ルール　213, 218

■あ　行

芥川龍之介　15
安倍晋三　185
アンチ・パテント（特許軽視）政策　146
家制度　76
医師誘発需要　6
一億総中流　11
　　──社会　62, 110
一県一医大構想　35, 39, 51
エールリッヒ，パウル　138
エルサン，アレクサンドル　137
小河滋次郎　78
小渕恵三政権　54

■か　行

介護格差　204
介護保険制度　2
介護保険法　2
介護老人福祉施設（特養）　202
改正労働者派遣法　56
開放原理　68
カハール，サンティアゴ・ラモン・イ　153
家父長制度　76
カワチ，イチロー　16
規制改革・民間開放推進会議　49
基礎年金制度　36, 87
北里柴三郎　136
教育格差　126
共助　75-77
競争市場の不完全性　50
緊縮財政　43, 54, 72
　　──政策　65
黒田東彦　217
ケアマネジメント　189
傾向スコア（Propensity score）　31, 34
　　──分析　32, 33
経済財政諮問会議　47
ケイパビリティ（潜在能力）　99, 100
ケッスラーのK　21-24
健康格差　91, 109, 110, 120, 124, 126, 127
健康保険法　79
ケンダル，エドワード・カルビン　141
小泉純一郎　10, 184
　　──政権　54, 59, 62, 184
高額医療費制度　86
高額療養費　49
公助　75-77, 79
功利主義　97, 98
国民皆保険　8, 145, 161
　　──制度　36, 37, 44
国民健康保険　8, 36
　　──制度　7
　　──法　7
国民負担率　224-226

248　索　引

互助　75, 76
コッホ, ロベルト　136, 137
後藤新平　79
混合診療　49, 50

■さ　行

財政破綻論　43
債務償還費　213
サッチャー, マーガレット　54
　　——政権　51
志賀潔　136
自助　75, 76
ジニ係数　15, 16
シャウデイン, フリッツ　138
社会関係資本（social capital）　197
社会的入院　187
社会保険方式　91, 92, 231, 232
社会保障負担率　225-228
就職氷河期　9, 223
　　——世代　11, 12, 210, 225, 228
　　新——世代　10, 53
主観的健康度　124
恤救規則　77
恤救制度　78
恤救率　78
首都機能移転　196
情報の非対称性　50
ジョージ, ロイド　83
所有原理　66, 68
新自由主義　36, 48
　　——的　52, 72
人的資本理論　125
人頭税　235
垂直的公平　235
水平的公平　233
スクリーニング仮説　125
スケープ・ゴート　69
スペイン風邪　4
聖域なき構造改革　59

政府負担方式　231, 232
税方式　87, 92, 231
積極財政　39, 48, 54, 65
セン, アマルティア　99
相対的剥奪　16, 29
相対的貧困率　17, 18

■た　行

太平洋戦争　2
竹中平蔵　10
多産多死社会　4
田中角栄　9, 85, 86
団塊ジュニア　5, 9, 10, 12, 19, 20,
　　27, 53, 175, 180-183, 223, 225, 227,
　　229
団塊の親世代　3, 5, 9, 10, 12, 35, 48,
　　147, 175
団塊の世代　1, 5, 9, 19, 35, 63, 65,
　　140, 225, 229
地方債　216, 217, 220, 221
　　——の買入れ　220
チャーチル, ウィンストン　82, 83
積立方式　87
等価所得　17, 18
動物性たんぱく質　176
特別養護老人ホーム（特養）　203-
　　205
ドマック, ゲルハルト　138

■な　行

中曽根康弘　9, 147
　　——政権　51, 147, 184
日米包括経済協議　148
日中戦争　2, 15
丹羽雄哉　191
任意設立主義　8
年次改革要望書　147, 148, 164

■は 行

廃藩置県　6
橋本龍太郎　148
　——政権　54
パスツール, ルイ　136, 137
秦佐八郎　137, 138
八田與一　38
バブル世代　28, 29
浜田聡　221
ひきこもり　27, 31
平等主義　97, 98
貧困線　17, 18
賦課方式　87
福祉元年　86
プレストン・カーブ　4
フレミング, アレクサンダー　138
プロ・パテント（特許重視）　147
　——政策　147
ベヴァリッジ, ウィリアム　82
　——報告　82-84, 92
ベスト・ワーストスケーリング（Best-Worst Scaling）　164, 170
ベンサム, ジェレミー　98, 99
ヘンチ, フィリップ・ショウォルター　142
保険料方式　87
戊辰戦争　6
ホフマン, エリッツ　138

■ま 行

マクロ経済スライド　48
満州事変　2, 15
見捨てられた世代（jilted generation）　52
美濃部亮吉　86
　——都政　86
身分制度原理　67, 68
宮澤喜一　147
武藤山治　78
メディケア　92, 93
メディケイド　92, 93
メンタルヘルス　21, 22, 26, 55, 56
モラルハザード　105

■や 行

有料老人ホーム　202, 204

■ら 行

ライヒスタイン, タデウス　141
リーマンショック　21
利己主義　96, 97
リスター, ジョセフ　136
利他主義　96, 97
李登輝　38
レーガン, ロナルド　54
　——政権　52
ロールズ, ジョン　98, 99

著者紹介

橘木　俊詔（たちばなき　としあき）
京都大学名誉教授，元京都女子大学客員教授，元同志社大学経済学部特別客員教授．1943 年生まれ．小樽商科大学卒業，大阪大学大学院修士課程修了，ジョンズ・ホプキンス大学大学院博士課程修了．Ph. D. 仏英独で研究職，教育職を経験．京都大学教授，同志社大学教授等を経る．専門は労働経済学，公共経済学．元日本経済学会会長．
〈主要著書〉
『資本主義の宿命――経済学は格差とどう向き合ってきたか』講談社現代新書，2024 年．
『五代友厚――渋沢栄一と並び称される大阪の経済人』平凡社新書，2023 年．
『教育格差の経済学――何が子どもの将来を決めるのか』NHK 出版新書，2020 年．
『21 世紀日本の格差』岩波書店，2016 年．
『日本人と経済――労働・生活の視点から』東洋経済新報社，2015 年．
『「幸せ」の経済学』岩波現代全書，2013 年．
『働くための社会制度』高畑雄嗣との共著，東京大学出版会，2012 年．
『格差社会を越えて』宇沢弘文・内山勝久との共編著，東京大学出版会，2012 年．
『日本の教育格差』岩波新書，2010 年．
『女女格差』東洋経済新報社，2008 年．
『日本の貧困研究』浦川邦夫との共著，東京大学出版会，2006 年．
『格差社会――何が問題なのか』岩波新書，2006 年．
『日本の経済格差――所得と資産から考える』岩波新書，1998 年．
など多数．

森　　剛志（もり　たけし）
甲南大学経済学部教授．1970 年生まれ．早稲田大学政治経済学部卒業，京都大学大学院経済学研究科博士課程修了（博士号取得）．日本学術振興会特別研究員等を経て現職．イリノイ大学客員研究員（2007 年 8 月～2008 年 8 月）．専門は医療経済，経済格差，所得分配．Marquis Who's Who in the World, 25th Edition, 2008, 2000 Outstanding Intellectuals of the 21st Century (2008: International Biographical Center, Cambridge, England) に略歴掲載．
〈主要著書〉
『新・日本のお金持ち研究』橘木俊詔との共著，日本経済新聞出版，2014 年．
『日本のお医者さん研究』後藤励との共著，東洋経済新報社，2013 年．
『日本のお金持ち妻研究』小林淑恵との共著，東洋経済新報社，2008 年．
『日本のお金持ち研究』橘木俊詔との共著，日本経済新聞出版，2005 年．

団塊ジュニアの医療と介護
超高齢化社会における社会保障制度

2024年12月20日 初 版

[検印廃止]

著 者 橘木俊詔・森 剛志

発行所 一般財団法人 東京大学出版会
代表者 吉見俊哉
153-0041 東京都目黒区駒場4-5-29
https://www.utp.or.jp/
電話 03-6407-1069 Fax 03-6407-1991
振替 00160-6-59964

組 版 有限会社プログレス
印刷所 株式会社ヒライ
製本所 牧製本印刷株式会社

©2024 Toshiaki TACHIBANAKI and Takeshi MORI
ISBN 978-4-13-040321-4 Printed in Japan

JCOPY〈出版者著作権管理機構 委託出版物〉
本書の無断複写は著作権法上での例外を除き禁じられています．複写される場合は，そのつど事前に，出版者著作権管理機構（電話 03-5244-5088，FAX 03-5244-5089, e-mail: info@jcopy.or.jp）の許諾を得てください．

橘木俊詔 高畑雄嗣 著	働くための社会制度		A5・2800円
宇沢弘文 橘木俊詔 編 内山勝久	格差社会を越えて		A5・3800円
橘木俊詔 編	政府の大きさと社会保障制度 国民の受益・負担からみた分析と提言		A5・3800円
小野太一 著	戦後日本社会保障の形成 社会保障制度審議会と有識者委員の群像		A5・6400円
相澤真一 渡邉大輔 石島健太郎 編 佐藤香	戦後日本の貧困と社会保障 社会調査データの復元からみる家族		A5・5800円
岩村正彦 嵩さやか 編 中野妙子	社会保障制度 国際比較でみる年金・医療・介護		A5・4900円
吉田健三 木下武徳 加藤美穂子 編 長谷川千春	日本の社会保障システム 第2版 理念とデザイン		四六・2600円
井深陽子 後藤励 編 泉田信行	健康経済学講義 ヒューマン・ケアのための理論と実証		A5・3200円

ここに表示された価格は本体価格です。ご購入の際には消費税が加算されますのでご了承ください。